養老孟司　中村桂子
池澤夏樹・春山慶彦 編著

こどもを野に放て!

AI時代に活きる知性の育て方

集英社

こどもを野に放て！

ＡＩ時代に活きる知性の育て方

目次

はじめに　6

1

自然の中で身体を動かすだけで無意識に学んでいる　8

養老孟司との対話

身体や感覚を軽視する現代社会
今のこどもは「脳の出力」が不足している
エビデンスより「自分でやってみる」
教養とは「人の心がわかること」
思い通りにならないことに向き合う
これからはローカルの価値が高まる
いのちと風土のつながりを意識する
日本人の自然観はどう変化したか
長い時間軸で考える
日本人は昔から木を植えてきた
そんなに一生懸命頑張らなくていい
目の前の生きものは「解答集」

Column 1
自然経験こそ最上の教育　春山慶彦　64
現代社会の最大の課題
環境論と幸福論はセットで考える
日本的風土に根差した幸福論を
人も自然も豊かになっていく仕組みを
知識よりも知覚を磨くことが先
同じ方を見て、ともに学ぶ姿勢

2
中村桂子との対話
「へんてこ」「無駄」「弱さ」があるから生きていける　76
水の道と風の道
効率と競争の弊害
伝えたい四つのこと
SDGsの「上から目線」

都会のこどもと自然体験
科学の一番の問題点
なぜ少子化対策でこどもは増えないのか
一つの前提条件を当てはめるおかしさ
土地の歴史を無視してはいけない
無駄の大切さ
人間ほどへんてこな生きものはない
私たちのふるさとはみんな同じ

Column 2

「いのちのときめき」に素直に生きると、やがてそれが「仕事」になる　春山慶彦　134
「どんな職業に就きたいか」よりも「何をしたいか」が重要
自分のいのちのときめきに素直に生きる
生き方の延長にある仕事
すべては「感じる」からはじまる
能力より経験の積み重ね

3
池澤夏樹との対話
自然に学ぶ「インチキせずに生きる力」 144
二〇年ぶりの再会
星野道夫という人
アラスカの自然のメッセージ
狩猟文化の謙虚さ
すべての基本は「一人対自然」
サステーナビリティーを議論するときに必要なこと
ベンチャー企業は二一世紀の冒険
世界の捉え方と自然に対する向き合い方
住む場所をどう選ぶか
クジラと朝日、どちらも大事

おわりに 204

はじめに

今、私たち人類に問われているものは何か。自然観だと私は思う。自然観とは、人類も生きものであり、人間社会も自然の一部であることを前提に、どう生き、どう暮らし、どういう風土を育んでいくのかという世界観であり、生命観でもある。

なぜ、自然観が問われる時代になっているのか。東日本大震災、それに伴う福島での原発事故、新型コロナウイルスによるパンデミック、ウクライナならびにパレスチナ・ガザ地区での戦争、気候変動によって世界各地で起きる自然災害……。変化する自然環境、社会情勢の中で、私たち人類は、どう生きるのか。私たち一人ひとりの生き方が切実に問われている時代が今である。

また現代は人工知能（ＡＩ）をはじめテクノロジーの進化が著しい。そのような時代に、起業を志す学生やビジネスパーソンに必須な観点も自然観だと思う。どのような自然観をもって、人間を含めた〝生きものたちのいのちのにぎわい〟を真ん中に据え、テクノロジーを活用しつつ事業をつくっていくのか。どのような事業が、今を生きる一人ひとりの心に届き、社会にとってなくてはならないインフラサービスとなるのか。市場の大きさや流行《はや》りのテクノロジーを追うだけでなく、確かな自然観に根差した骨太な事業こそが、今、求められている。

養老孟司さん、中村桂子さん、池澤夏樹さん。先覚のお三方それぞれの自然観、自然に対する眼差しをお聞きしたのが本書である。自然観はその人が生きてきた歩み、生き様と密につながっている。お三方の自然観や生き様の一端に触れ、私たち自身の自然観を問い直し、深めていく契機としたい。

春山慶彦

NUMBER GIRL

1 養老孟司との対話

自然の中で身体を動かすだけで無意識に学んでいる

身体や感覚を軽視する現代社会

春山　ＹＡＭＡＰは、携帯の電波が届かない山の中でもスマートフォンで現在地と登山ルートがわかる登山地図ＧＰＳアプリを提供しています。今、日本の登山人口が約七〇〇万人いる中で、ＹＡＭＡＰのアプリのダウンロード数は二〇二三年一〇月末時点で四〇〇万を超えていて、日本で最も使われている登山アプリになっています。

ＹＡＭＡＰを創業し、事業展開していく上で、養老先生の著作に影響を受けたところがたくさんあります。いつかお礼を申し上げたいと、ずっと思っていました。今日は先生が集めた昆虫標本を保管してある「箱根昆虫館」でお会いできるということで、楽しみに参りまし

養老孟司（ようろうたけし）
一九三七年神奈川県生まれ。解剖学者。東京大学医学部卒業。東京大学名誉教授。『からだの見方』でサントリー学芸賞受賞。著書に、『唯脳論』『バカの壁』『子どもが心配』など多数。日本の森林を次代に生かすための政策提言などを行うＮＰＯ法人「日本に健全な森をつくり直す委員会」の委員長を務める。

た。どうぞよろしくお願いします。

養老　わざわざ箱根までお越しくださり、ありがとうございます。僕らのような虫が好きな人間を「虫屋」と言いますが、虫屋もけっこうYAMAPのアプリを使ってますよ。さっき、ここに来た若い人も、長野の鋸《のこぎり》岳《だけ》で虫捕りをするときに使ったと言っていました。

春山　そうなんですか、それは嬉しいです。
　この「箱根昆虫館」は先生の別荘で、先生は生まれ育った鎌倉にずっと住んでいらっしゃるということですが、鎌倉の風景や風土の特徴は、どんなところにあるんでしょうか。

養老　南が海岸で砂浜、あと残り全部は山、山道というところですね。古い住宅地は、そう

「箱根昆虫館」に並べられている昆虫標本

いう地形に合わせて家が建てられていますから、細かい道が張り巡らされていて、その度に風景が変わります。だから散歩が楽しいんです。

春山　そういう風土が先生の考え方に影響を与えたところはありますか。

養老　方向音痴ということだけですね。空間認識というものは、幼いときに育った環境の中で具体的に把握していくわけですけれども、僕はそういう風景の鎌倉で生まれ育ったから、平地に置かれたときの東西南北がよくわからないんです。

　たとえば、東大の赤門の前に本郷通りという大きな道路が走っていますが、僕がまだ東大にいたとき、何となくその道が東西に走っているものだと思い込んでいたんです。僕の仕事場は赤門の突き当たりの建物にあって、ある日、本郷通りに面している側のトイレに入ってふっと外を見たら、夕日が落ちていくところでした。それで「あっちが西か」ということがわかったけれども、本郷通りはちょうど夕日が落ちていく方角と直交していたのです。それで、「本郷通りは東西じゃなくて南北だったのか」と気づきました。でも、それまで何十年も、まったく正しい方向を気にしないでいられたんですよ（笑）。

春山　都市にいると、そういうことが起こりがちですね。

養老　特に東京なんて、しばらく行かないと、あまりに変化が速くて、何がどこにあるのか、よくわからなくなってしまいます。

そう言えば、かつて授業で自分が方向音痴であることを話したら、ある学生が「僕もです」と言うので出身地を聞いてみたら、神戸でした。神戸も鎌倉と似ていて、海があって山がある街です。地形が方向を教えてくれるから、方角について考えないでいられるんですね。ただ、同じ都市でも、京都や札幌みたいなところは人工的に東西南北を意識するようにつくられています。僕なんかは京都にいると、かえって方向感覚がつかめなくて迷ってしまうのですが、関西と関東で一番違うなと思うのは、橋の詰めですね。関西では橋の両端を「北詰」「南詰」みたいに別々に区別できるようにしています。

春山　それは、どういうことですか。

養老　京都のように碁盤の目になっている街では、逆に近くがわかりにくいからではないでしょうか。客観的に考えれば、橋のどっちが何というのは言いにくいし、東京では言わないですね。

春山　方向感覚もそうですが、育った場所の環境や風土によって無意識のうちに、いろいろな影響が出ているのかもしれません。今、気候変動で自然環境が大きく変化していく時代にあって、**自分たちのいのちは風景・風土と一体であるという感覚はきわめて重要**になるのではないかと思っています。

そのことについて伺っていくにあたり、まずは先生がよくおっしゃっている、日本人が身体を使っていないことの問題についてお聞きしたいと思います。私は、これは日本にとっての大きな課題だと考えています。

一九五〇年代までは、日常的に身体を使う仕事、たとえば農業・漁業・林業などの第一次産業に携わる人の数は一五〇〇万人ほどいて、日本の就労人口の約半数を占めていました。それが今は二〇〇万人ぐらいまで激減しています。多くの人が第一次産業ではなくサービス業など第三次産業の仕事に就き、かつ都市化が急激に進んだこともあって、自然の中で身体を動かす機会が失われてしまっていると思います。

とはいえ、人間も生きものです。私たちの身体の構造は、パソコンやスマホを使うためではなく、自然の中で生き抜くためにつくられています。しかし、そうした身体性の原点に立ち返り、自然と人間の関係性を深める営みとして、第一次産業に新規に参入するのは、今の時代、なかなかハードルが高い。そこで、登山やアウトドアであれば、無理なく都市と自然をつなげられるのではないかと考え、二〇一三年にＹＡＭＡＰを立ち上げました。

知識を先行させるのではなく、自らの身体で体験することからはじめないと、人は本質に気づきにくいですし、生きていることのよろこびを実感しにくいのではないでしょうか。だから、自然の中で身体を動かすことや、その中で、自分たちのいのちが自然や地球とつながっているということをリアルに体感することが大事だと思います。その意味で、登山やアウトドアは現代社会において必要なアクティビティーだと考えています。

養老　おっしゃる通りですね。**現代社会は、感覚から入るものを軽視しがちで、勉強すれば何でも頭に入ると思っています。**でも実は、それ以前に自然の中で感覚を磨くことが非常に重要なのです。僕らがこどもだった時代には、野山で遊ぶうちにごく普通に感覚知を得ることができました。しかし自然体験が乏しい最近の子どもたちには、それが十分に養われていないのではないかと心配しています。外で身体を動かして遊ぶより、インターネットやゲームをやる時間の方が長いでしょうから。

今のこどもは「脳の出力」が不足している

春山　先生のご著書『子どもが心配　人として大事な三つの力』（ＰＨＰ新書）を拝読しました。デジタル時代の子育てについて、『ケーキの切れない非行少年たち』（新潮新書）を書いた児童精神科医の宮口幸治先生など、四人の識者との対談からいろいろ学ばせていただきました。

養老　あの本の中で対談した脳研究者の小泉英明さんは、「人間が意識や精神を獲得していく過程で、体がその基本になっていることは間違いのないところです」とおっしゃっています。詳しくは対談を読んでいただくとして、脳に関して言えば、身体で感じる感覚、つまり目で見る、耳で聞く、手で触る、鼻で嗅ぐ、舌で味わうという五感が「入力」で、それに反応して身体を動かすのが「出力」です。

まず、外界からの情報が感覚を通して脳に入ってくる。それを受けて脳の中で計算して、考えた結果が肉体の運動として出てくる。たとえば、目の前にコーヒーがあるとして、「コーヒーがある」という情報が脳に入力される。脳の方では「喉も渇いたし、ちょっと飲んでみるか」と考えて、それが手を伸ばしてコーヒーカップを取るという出力になる。それでコーヒーを飲んだら「ぬるい」と感じて、その入力に対し脳は「だったら淹《い》れ直そう」と考える。そんなふうに感覚→脳→身体→感覚……という具合に情報をぐるぐる回していく。

こういう脳の「回転」の重要性が言われるようになったのは、脳研究の世界でも比較的最近のことです。脳には、入力と出力の両方が必要で、入力だけだと水を吸い込むだけのスポンジと同じですし、出力だけでは、ただ動き回っているだけの壊れたロボットになってしまいます。

まだ小さいときに、その入出力を繰り返していくことで、脳の中にひとりでに、あるルールができてくる。それが学習のはじまりです。小さいときから、このようなことを地道に繰り返し繰り返しやっていくことで、自然に脳がルールを発見するのです。

春山　今の子どもたちは出力の部分がどれだけできているか、とても心配です。

養老　小泉さんも言っていましたが、人間の学習のプログラムは赤ちゃんがハイハイをはじめる頃から動きはじめていきます。なぜかというと、這って動き回るようになるというのは、自分の手足を使って世界の中を移動するという、とても知的な作業で、これが脳の発育にとても大事なのです。机の脚にぶつかったりして、そういうときは避けるものだということも覚えるし、何より動くことで景色に変化や広がりが出て、視覚入力が変わってくるでしょう。

ハイハイしていくと、見ている景色が近くに寄って、だーっと拡大してきますよね。何でもないようですけど、一歩近づくと少し大きくなって、もう一歩近づくとまた大きく見える。つまり、同じものでも距離によって違って見えてくるということを繰り返すことで、脳みそが情報をまとめて、「大きさは違っても、あれは同じものだ」というルールを自分で発見していくわけです。それがいわゆる「比例」というもので、遠くにあるものと近くにあるものは違って見えるから別のものだと思ったのでは困りますからね。

比例なんて、学校の算数で習うものだとどこかで思い込んでいるけれども、実はそうではなく、既に赤ちゃんの頃から感覚的に知っていることなんですよ。その感覚が優れている人を「カンがいい」と言うわけで、カンを磨くには、小さい頃から入出力をどんどん繰り返さないといけません。また、こういうことはバーチャルではなく、実際に乳幼児期に身体を使って学習することが大事なのであって、それがなければ誰かが動いているのを画面で見ても、すぐには理解できないと言いますね。

春山　逆に、**感覚や感性が十分に養われていれば、知識はあとからでもキャッチアップできる**ということでしょうか。

養老　そうです。生まれつきハンディキャップがあって、自力で移動できない赤ちゃんは、言葉をはじめ、いろいろな発達が遅れてしまうことがわかっています。だから、出力ができるようにサポートする必要があります。たとえば、脳性小児麻痺《まひ》でハイハイができないこどもには、ベルトを締め、そのベルトを持ち上げて体重を軽くしてあげる。その状態で這って歩けるように促すのです。そうやって少しずつ自力で動いて移動できるようにするのです。

春山　児童精神科医の宮口先生との対談の中では、図形の模写ができなかったり、丸いケーキを三等分した絵を描けなかったりするこどもたちの話が出てきます。空間に対する認知機能が著しく低い子たちの中から非行に走るケースが少なくないということでしたけれども、宮口先生が取り組んでいらっしゃる、図をきれいにトレースして描くような経験を積ませることも大事だと思いつつ、自然の中に入れば、一気にそういう認知能力が高まる訓練になるのではないかという気がします。

養老　そう思いますね。今の子はあまり外で遊ばなくなったようですが、外で遊ぶことは、こどもにとって本当に大事です。やっぱり自然のものを相手にするのは、おもしろいですよ。だから、こどもをまともに育てようと思うなら、**自然の中で思う存分遊ばせるのが一番**いいんです。

　脳を育てるには、脳の入出力が大事だと言いましたが、それには知覚と運動の量を多くしないといけない。その話で言うと、外遊びの中でも、特に虫捕りがいいですね。これは僕が虫屋だからということだけではなくて、虫捕りをしているときは、さっき言った脳の入出力がほぼ理想的に回転しているのです。虫捕りでは、虫を見て、「いた!」と思ったら、身体を動かして捕まえる。その後も、自分で調べて、標本をつくって、考えて、また虫を見て……という具合に、ずっとインプットとアウトプットを繰り返すことができます。虫捕りは背景に

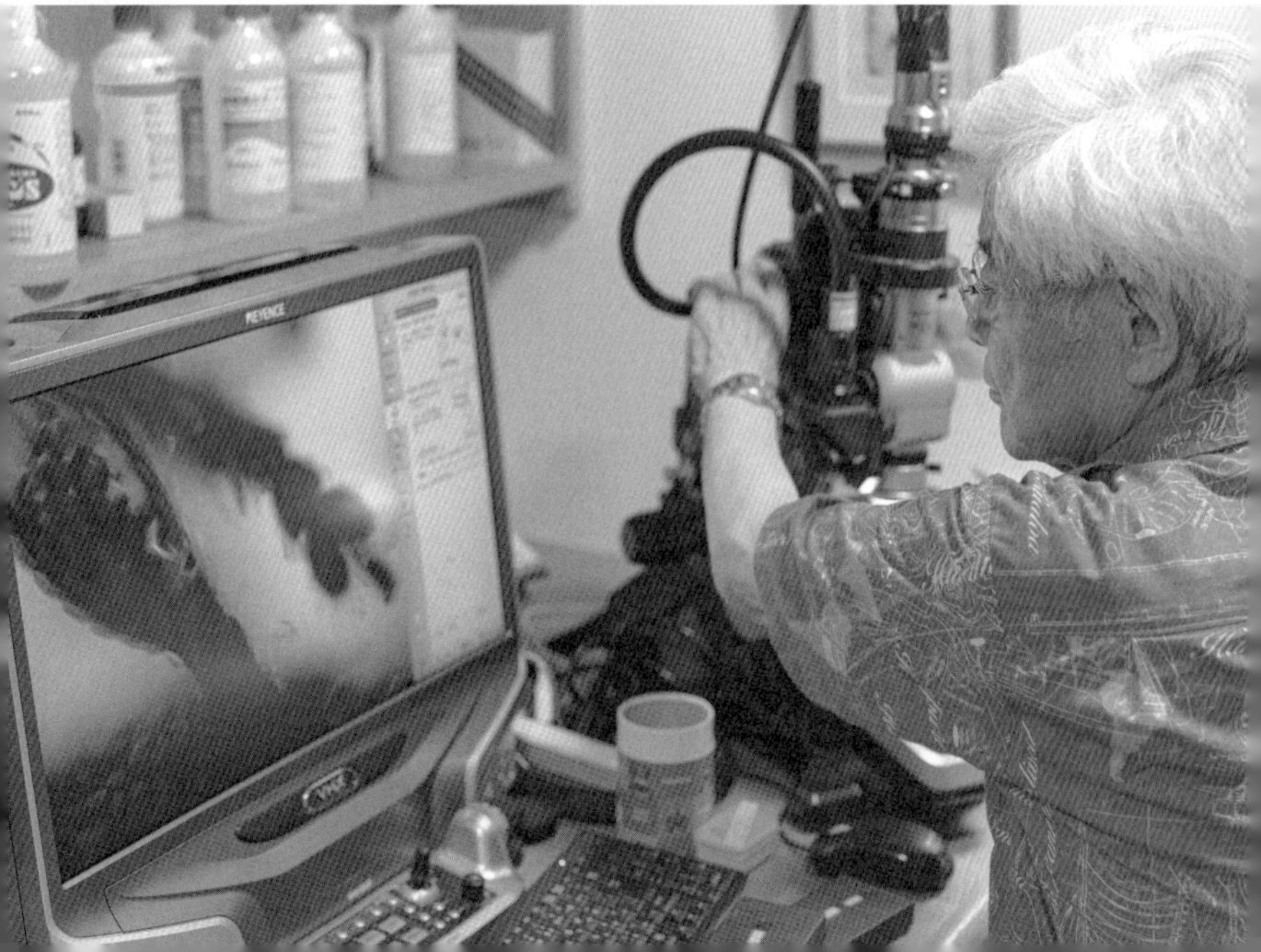

自然がありますから、自《おの》ずと感覚が広がっていくというところもいいですね。

エビデンスより「自分でやってみる」

春山 外で身体を動かすことがいかに大事かというのは、まったくその通りだと思います。ただ、現代の日本の教育において、自然体験はそれほど重要視されていない、どちらかというと脇に置かれてしまっているような気がしています。特に最近では、英語やプログラミングなど、早い段階から知識を詰め込む傾向がより強くなっているのではないでしょうか。

養老 明治時代に日本が学校教育をはじめたときは、野育ちのこどもたちを集めて、「おとなしく、じっと座っていなさい」という教育でした。ところが今の子は、テレビやパソコンのモニターを見て、おとなしくじっと座っている方が多いわけでしょう。そうすると、学校で先生の話を聞くだけというのは、さっき言った出力がないわけですから、脳みその活動は止まってしまいます。

そういう明治以来のおとなしく座らせる教育で、どこまで学習というものが成り立つのか、疑問です。結局、こどもを集めて静かにさせておくのが楽だからということだと思いますが、元来、こどもはじっと静かにしていられない。だから、それを無理やりやらせているという意味では、ほとんど虐待ではないかと思います。

極端なことを言うようですが、学校はいわゆる「遊ぶ」ところにしてしまって、学業は家でやるということにしてしまった方がいいくらいではないですか。

春山 そうですね。そろそろ、学校や教育の役割を時代に合わせて変えていく時期に来ているのではないかと思います。たとえば、学校をもっと自然の中に開いていく。こどもたちを学校という人工的な箱の中にずっと閉じ込めておくのではなく、教室を出て、自然の中に連れて行くようになればいいですね。

養老 学ぶというと、意識的に何かを取り入れるというふうに思ってしまいますが、そうではなくて、**自然の中で身体を動かすことで無意識に教育を受けている**わけです。

この前、岡山県の新見というところにある小学校に行って、こどもたちと遊んできました。一応口実がないといけないので、虫捕りを教えるみたいなふりをしてね。雨が降ってしまったので、結局、虫は捕りませんでしたが、実際は単に遊びに行くだけなんです。こどもたちは、ほっとけば遊んでますから。

春山 先生は、小学校に出向いてこどもたちに虫の話をするということを、よくやっていらっしゃるんですか。

養老　機会があればね。それは別に虫の話をするのではなくて、できるだけ外で遊ばせてやろうと。言ってみれば、学校の邪魔をしているんです（笑）。
「遊び」と言うけれども、やはり人間も他の動物と同じ生きもので、本来はそういう自然環境の中で生きてきたわけですから、そこへ戻る、そこで必要なものをまず学んでくるということですね。僕なんかへそ曲がりみたいにこどものときからずっと虫をやっていますから、虫の目で世界を見て、おかげさまでいろんなことが考えられるわけです。

春山　そういう**自然体験を通して、自分のいのちが地球とつながっているということを身体で理解できれば、風土への思いや自然環境への感性が自ずと育っていく**と思います。

養老　僕の知り合いに﨑野隆一郎さんという人がいて、夏休みになるとこどもたちを何もない森の中に連れて行って三〇泊三一日過ごさせるというプログラムを、もう三〇年くらいやっています。僕も時々、このキャンプに顔を出して、一緒に虫捕りをしていますが、参加する子たちは、まずはスマホを没収されて、山のサバイバル生活に放り込まれます。朝は日の出とともに起きて、一〇〇段の階段を登ったところにある水場で水を汲《く》み、一から火を起こして食事をつくります。うまく火を起こせなければ、自分たちが食べるものはありません。とにかく自分で身体を動かさないと生きていけないというスパルタなキャンプで、大人が手取り足取り教えるようなこともしない。一食ぐらい食べられなくても、大したことはないのですが、こどもたちはそうなったら大変だと、目の色を変えて、本気で取り組みます。崎野さんは「一日やったら、こどもたちは慣れますよ」と言ってましたけどね。

このキャンプで彼らが何を学ぶかというと、一番は身体性ですね。自然に親しむも何も、人間にとって、自分の身体は最も身近な自然です。自然というものは思うようにはならないということを、こうしたキャンプを通してあたりまえのように親しんでしまうわけですね。

春山　そのキャンプで過ごす前と後とで、こどもたちはどう変わっていくのでしょうか。

養老　崎野さんは、このプログラムを全国展開したいということで、説得材料としてキャンプに参加しているこどもたちの血液検査をしたりホルモンを測定したりしています。今はそういうふうにデータを出さないとなかなか理解してもらえないのかもしれませんが、そもそもこどもをそうやって野山の中で自由に遊ばせていれば元気になるに決まっています。それなのにエビデンスが必要だと言う人を説得するなんて、僕自身はやりたくないですね。「自分でやってみればわかりますよ」と。それで終わりです。

春山　確かにそうですね。データがなくても、自分で実際にやってみれば身体を使う気持ちよさや、自然の中で過ごす意義も実感としてわかるはずです。

養老　身体や脳のいろいろなデータを測って、それを基に教育政策を考えるのは、ちょっと危険な気がしますね。現代の医療もそのような傾向が強くなっています。医者は目の前にいる患者の身体より、検査で出てきた数字だけを見て、その数値を正常値に戻すことが仕事になってしまっている。でも、そんなことをしなくても、当人が元気で動いていればいいんですよ。

春山　つまり、部分部分でしか物事を見なくなっているということでしょうか。

養老　そうです。検査の数値結果から、薬を飲む、手術をする、あるいは生活習慣を改善する、などと決められていく。これから医療分野でAＩの活用が進めば、ますますその傾向は進むでしょうね。データをすべて否定するということではありませんが、それだけを判断材料にするのはどうかと思います。

そう言えば、おもしろい統計があって、しょっちゅう医者にかかるグループとかからないグループで分けると、医者にかかっているグループの方が死亡率が高いのです。もちろん、必要に応じて病院を受診することは大切です。でも、心配だからと言って何でもかんでも医者に診てもらうのは、やり過ぎです。僕はできるだけ、そういう余計なことをしないようにしています。

これは医療の話だけではなくて、**教育でも、成績をデジタル管理して、個人の能力を数値化しようとしていますね。でも、自然体験で身につく力は、数値で測ることなどできません。**

春山　同感です。

養老　やはり、偏差値教育をやめないといけないと思いますね。また虫捕りの話になりますが、虫捕りをやれば、努力、根性、辛抱は、必ず身につきますよ。一匹も捕れなくても、「今日はダメでも明日こそは」と、待つのがあたりまえですから。そうやってようやく捕まえたときのよろこびを、今のこどもたちにも味わってほしいですね。

春山 そういうよろこびは、自分で体験してこそのものだと思います。

養老 虫捕りは遊びですが、農作業などで日常的に自然とつきあう必要があった昔の人は、辛抱や努力する性質を持っていたはずで、身体を使って暮らしを営むというのが、本来の姿だったろうと思います。

天気一つとっても、人間はコントロールすることができません。思い通りにならない自然となんとか折り合いをつけるためには、地道な努力や、予測できないことを受け入れ、わからないことは「まあ、こんなものだろう」と空白のままにしておかなければならないのです。

でも、都会の便利な暮らしでは、そうしたことに耐えられない。特に脳みそはそうなんですが、人間は怠け者で省エネに走るから、つい楽な方に行くんです。

教養とは「人の心がわかること」

養老 僕の友人で「虫屋」の生物学者、池田清彦が『バカの災厄』（宝島社新書）という本を書いています。彼が言う「バカ」は、IQや知識、教養に関係なく、「答えは一つ」と思い込んで、自分が考える正解以外をまったく受け付けないような人を指します。この本の中で、今の日本にそういう「バカ」が増えているのは、要するに一九六〇～七〇年代の大学紛争の頃に若い人たちが大騒動を起こしたので、政府が「教育改革」の名の下に、「国家に楯突《たてつ》くことのない、おとなしくて従順な国民」をたくさんつくろうと教育を変えてきた、つまり「バカ」を量産するようになったからだとあります。

春山 そういう教育は、今もほとんど変わっていない気がします。

養老 要は、自分の体験から積み上げてものを考えるということをしなくなっているのだと思いますね。

そう言えば、僕が若い頃は「大学に入るとバカになる」と言われました。つまり、座って本を読んでばかりいると、世間で働くのが下手になってしまうという意味です。さっきおっしゃっていたように、当時は身体を動かして働く人が多かったですから、そういう常識が通用しました。でも今となっては、なかなかわかってもらえないでしょうね。

春山 先生は、「教養とは人の心がわかるということ」とおっしゃっていますね。教養に関することの定義が、私にはとてもしっくりくるんです。人の心がわからない、つまり教養がなければ、どんなに素晴らしい技術やテクノロジーがあっても、人々がよろこび、社会にとって必要とされる事業やサービスを実装することはできないのではないかと思っています。

養老 その教養の定義は、僕の恩師である中井準之助先生の言葉です。中井先生は、どんな相手にも心を開いて接することができる人でした。東大医学部が「元凶」だとされた東大紛争のときに学部長を務め、造反学生にも信頼されたからこそ、紛争を収められたのだと思います。素晴らしい先生でした。

ただ、人の心を一から十までわかろうとすると、大変なことになります。**わからない方があたりまえだと思う方が、人づきあいは楽**ですよ。家族など近い関係であるほど「どうしてわかってくれないのか」と喧嘩《けんか》したりしますが、わかり合えないことが前提の外国人が相手だと、かえってうまくコミュニケーションできたりする。

春山 確かにそうですね。

養老 日本人はもともと、「全部わからなくてもいい」という、いわば何となくのコミュニケーションが得意だったはずなのです。たとえば連歌みたいなものは、厳密な論理というより、その場の空気や雰囲気で句をつないでいくものですし、日本にはそうした娯楽の伝統がありました。でも現代の日本人は、わからないことをそのままにすることがなかなかできない。白黒はっきりつけたがります。

春山 そう言えば、先生が東大を辞められるきっかけの一つとなったのは、教えている学生の中にオウム真理教の信者がいたことだったそうですね。彼らの頭の中では、現実の科学と、「空中浮遊ができる」という「超常現象」が区別されずに同居している。そんな学生に自分が教えていることがどんな影響を与えるかわからないし、また試験で彼らが答えることが「本当にそう考えているかどうか」も信用できない。だったら自分はもう教えることなどできないと退職されたというお話がすごく印象的で、そんなふうに自分のやっていることを重く受け止める先生の姿勢は誠実だと思いました。

思い通りにならないことに向き合う

春山 当時と今を比べると、あまり変わっていないというか、よりひどくなっているのではないでしょうか。

養老 どうでしょうか。単純に比較することは難しいですが、今はスマホが普及して、何でもスマホで検索して答えを探そうとしますね。これは僕の言う「脳化社会」、つまり「ああすれば、こうなる」という考え方そのものです。特に**SNSは身体がない、バーチャルな世界ですから、使えば使うほど、ますます身体的な感覚が失われてしまいます。**あまり深入りしない方がいいと思いますね。

春山　先生は、都市は脳化社会だともおっしゃっていますが、それはどういうことでしょうか。

養老　都市は人間の脳の産物である人工物であふれているという点で「脳化社会」だということですね。そういうところでは、「ああすれば、こうなる」という合理性で動いていけます。それが必ずしも悪いということではありませんが、今は、ちょっと度が過ぎているのではないでしょうか。

　都市で暮らしている人は、僕がどんな話をしても、「じゃあ、どうしたらいいのですか、先生」と言います。「じゃあ、どうしたらいいのか」という考え方そのものが、物事には必ず答えがあるという前提に立っています。

　現代社会は「じゃあ、どうしたらいいのか」と聞かれて答えられることだけで世界をつくるという、壮大な実験をしてきました。答えられない問題は、そこからはじいてしまったのです。それが今、ツケとなって戻ってきている。ＳＤＧｓ（Sustainable Development Goals 持続可能な開発目標）で取り上げられているような問題がまさにそうですが、それに対しても、まだ「ああすれば、こうなる」式で片付けようとしています。それが一番の問題ですね。

春山　根が深いですね。

養老　生態系はものすごく複雑ですから、「ああすれば、こうなる」のような単純な因果関係で判断することなどできません。人生もそれと同じで、生きていると、思いがけないことが起こるものですよ。

　虫捕りだって、虫を見つけられるかどうかわからない、どんな虫がいるか予測できないから夢中になるし、山がおもしろいのも、何が起こるかわからないからですよね。僕は以前、埼玉にある秩父の山を登っていて、尾根に出た途端、オコジョに怒られたことがあります。そのオコジョは、前にそこを歩いた誰かが置いていった缶詰の残りを食べていて、僕が餌場に侵入したもんだから、怒って、僕の周りを走り回っていました。自然の中では、そういう事件が起こります。

　だから、僕は「森に行きなさい」と言うのです。でも、「森に行くと何があるのですか」と聞いてくる人がほとんどですね。そういう質問をするから、森に行かないといけないんですよ。何か意味がなければ森になど行きたくない、という考え方は、人生を貧しくします。森に行っても、何をしていいかわからなくて、途方に暮れてしまうかもしれませんが、そこから自分なりに楽しみ方を見つけていけばいいんです。

春山　「ああすれば、こうなる」にならないものに対して、どう向き合うか、ということですね。

養老　そうそう。それが本来、生きてるってことでしょう。「ああすれば、こうなる」で生きていたら、「生まれたから、死にました。以上」で終わりです。それで、おもしろいわけがない。

現代人の人生は、まるでカーナビの指示通りに車を走らせるドライブみたいになってしまっていますね。

でも、最短距離で効率良く目的地に行くだけでは、思いがけないところにこんな景色があったと感動することもないし、道端に咲いているきれいな花に目を留めることもありません。カーナビには出てこない道を進みながら、よそ見をしたり、道草をくったりして、さまざまな実体験を積み上げていくのが人生ではないでしょうか。

そもそも**子育てなんて、「ああすれば、こうなる」わけがなくて、「どうしたらいいか、わからない」もの**ですよ。自然だって、もともと「どうなるか、わからない」もので、人間の思い通りには動きません。

春山 そういう意味では、自然体験をする、外に出て自然と向き合うことが教育の最初にあるべきですね。

養老 まあ、ゼロからはじめるので、すごく能率が悪いですけどね。それが人生をつくっていくということですよ。人間、何か予想外のことが起こらないと、生きているってどういうことか、あまり考えなくなってしまいます。

「ああすれば、こうなる」で育ってきた若い人たちは、大災害に遭って初めて、生きるということはどういうことかを実感するのではないでしょうか。日常が壊れたら、それを回復していくために、みんなと協力してやっていくしかないということも理解できるだろうし、ないものは身近にあるもので間に合わせるしかないということも、しみじみわかると思いますよ。

春山　もしかしたら、コロナでそうした意識の変化が起こったと言えるかもしれません。海外からの物流が滞ったことで、食料やエネルギーなど自分たちの暮らしをどうするか、積極的に関心を持つ人たちが増えているように思います。

養老　東京みたいに自給自足ができず、あらゆるものを物流に頼っている、しかもあれだけの人口を抱えている都市は、大災害が起こったらひとたまりもありません。

春山　コロナで、そうした都会生活の危うさに気づき、地方に移住する人が増えたと感じています。これは、人々が都市ではなく自然の方へ生活の変化を求めていく兆しかもしれません。

ＹＡＭＡＰは、コロナになってから利用者がすごく増えました。それは山に行く人が増えたということで、これはかなり大きな変化ではないかと思います。

養老　そうみたいですね。虫捕りの連中が「今までいないはずだった人たちが山にいるようになった」と困ってますよ（笑）。

春山　先生ご自身はコロナで何か変化はありましたか。

養老　こっちは年寄りですから、「ステイホーム」と言われても、家でじっとしている方があたりまえで、考え方の変化というようなことはまったくなかったですね。「みんな、ご苦労さん」という感じですよ。

これからはローカルの価値が高まる

養老　新型コロナウイルスという、中国で起こった感染症がなぜ世界中に広がったのかというと、グローバリズムで、人間同士が一生懸命動きあって広げたということですよね。僕は外国まで虫捕りに行くことがありますが、たとえば南米に行くには往復の航空券より世界一周券を買った方が安い場合があるのです。なんだかすごく極端だなと思いますね。

春山　近代以降、人間はローカル特有の事情を無視して画一的なシステムをつくってきました。それらはエネルギーが無尽蔵にあるという前提で設計されています。今、それが限界に来ているということですよね。

養老　そうです。今の日本では、人が自らの身体でつくり出せるエネルギーの四〇倍の外部エネルギーを消費しているという計算があります。だから、自分の身体を使うこともなく、人工物に囲まれ、人工照明に照らされて、風が吹いているのも太陽の位置もわからないような、コンクリートの建物の中で生活ができてしまう。それが可能な間はいいかもしれませんが、できなくなったときはどうするのか。東日本大震災での原発事故は、そのことを突きつけたはずです。もっと言えば、そういうエネルギーの使い方をしながら暮らすことは、人間にとって本当にいいことなのかどうか。

ここにきて、これまでそういうことを真剣に考えなかったツケがきているということでしょうね。だから、グローバルからローカルなものへと戻らざるを得ない。遠からず、そういう時期がくると思います。

春山　震災の経験も踏まえつつ、食料やエネルギーなど、生きていくために欠かせないものを地域で自給する環境も含めて、暮らしを見直すべきときに来ていると感じます。

養老　これは若い人たちだけの話ではなくて、今度大きな地震が来たら、今の暮らし方を変えないといけないということを、みんな自分のこととして考えざるを得なくなると思いますよ。首都直下型地震が来れば、はるかに大勢の人に影響が出ます。

関東大震災から一〇〇年以上も経《た》つのですから、いつ起きてもおかしくない。日本の場合、そういう災害が来るだろうと常に思っていなくてはいけません。災害が起こって、一時的であれ、仮に流通が止まったとすると、そのときに**一番強いのは、やはりローカルに自給している地域**です。

福島の原発事故で避難した人たちがいまだに困っている状況を考えると、首都圏に住んでいる四〇〇〇万の人々が災害に遭ったら、どうするのでしょう。今、政府は防衛力強化を謳っていますが、ミサイルを一〇〇個並べても、地震がきたら何の役にも立ちません。もう少し足元を見た方がいいと思います。地震が来ること自体を避けることはできないので、来た後に生じる事態にどう対応するか。たとえば今、世界的な食料危機だと言われていますが、日本に大きな地震が来たタイミングでそういう食料危機が起こったら、食料自給率四〇パーセントほどの日本は、急場の食料確保が間に合わなくなるでしょう。輸入すると言っても、食料を買うお金をどうするかという問題も出てきます。そういうことがどれだけ考えられているのか。

春山　大変な問題です。

養老　政府も国土強靭化などと言っていますから、頭ではわかっていると思います。ただ、災害の場合は、どこがどのくらい壊れるかわからない。防災といっても限界があると思います。

春山　たとえば、先生の持論である「逆参勤交代」、つまり都市の人たちがもっと田舎に行って、地方と都会を行き来するというのは、一つの解決策になるかもしれません。

養老　「逆参勤交代」という考えを思いついたきっかけは、お盆に田舎に帰らない人が増えたという記事を読んだことでした。僕が若い頃は、学校の先生なんかでも、「仕事がうまくいかなかったら国に帰って百姓します」という人が多かったのですが、その帰る故郷《くに》がなくなってしまった。評論家の小林秀雄が「自分には故郷がない」と書いていますが、彼も神田猿楽町生まれの都会人で、「故郷」と言われたときに思い出すものがないと言っています。

　そういう故郷がない人たちのことを「根無草」と言いますが、今や都会に住むほとんどの人が根無草になってしまいました。「だったら、お盆に帰るところをどこかにつくったらいいじゃないか」と思って、「逆参勤交代」ということを言いはじめたわけです。

「逆参勤交代」で一年に一ヶ月でもいいから、都会に住んでいる人たちが田舎に滞在し、農作業をしたり、山でスギの間伐をしたりして、自然の中で身体を動かす。普段、人工物に囲まれた生活からリフレッシュできて仕事の効率も上がるでしょう。こどもの自然体験と同じで、自然の中で暮らすことがどんな良い影響を及ぼすか、科学的に検証することなどできませんが、それでも**自然とつながることで、都市生活で失ってしまっている自然への感覚や自然とつきあう能力を取り戻せる**でしょうし、それによって、すぐ利益や効用、効果を求めてしまう考え方も変わっていくはずです。そうすれば、人生はもっとおもしろくなりますよ。

一年に一ヶ月も休みを取って田舎に行くなんて荒唐無稽だと言われますが、フランスのバカンスだって、一九三〇年代に制度がつくられたときは「そんなものができるわけがない」と反対が多かった。日本でも、みんなが交代で有給をちゃんと消化すればけっして不可能ではありません。特に霞が関の官僚が率先して、こういうことをやってほしいと思います。

人の移動には、経済的な再分配機能も働きます。江戸時代の参勤交代では、大名行列が行ったり来たりすることによって、街道筋に宿場町などができ、大層栄えました。今の日本は国土の六割が過疎地ですから、都会から人が来れば、そういう地域も活気を取り戻すでしょう。

春山　すごくいいアイデアですね。

養老　生物多様性が大事だというのと同じで、生活多様性ということを、もう少し考えた方がいいと思うんですよ。

災害が起こったとき、ライフラインはそれほど時間がかからずに回復するでしょうが、全体が落ち着くまでには相当時間がかかるはずです。もし、普段から行っている「田舎」があれば、「しばらく、あそこで待てばいい」と、生活の基盤を移すことができるでしょう。こういうことは、余裕があるときに選んでおくといいですね。日常の平穏な暮らしを維持するのは、意外と大変なんです。

春山　何かあると、日常生活ははかなく壊れてしまうということですね。

養老　日常生活を壊すということでは病気もそうで、これも自然現象の一つと言えます。とはいえ、日常生活が壊れるのは悪いことばかりではありません。そうした状況に置かれれば、人間はいろいろなことを考えますし、特に若い人は大きく成長するきっかけにもなるでしょう。

日本には「ありがとう」という言葉がありますが、これは「有り難い」、つまり、そういうことが起こりにくいという意味ですね。でも、日常生活というものは毎日「有る」ものですから、全然、有り難くないものなんです。そういう日常を考え直す機会を得るというのは幸いだと、僕は思います。
　エネルギーを大量に使う現代社会は、普通に「有る」ことが維持できない時代を生み出してしまいました。その話が国連まで上がってSDGsになっているわけですが、人類は「あたりまえ」の日常がほとんど続けられないような世界をつくってしまったということです。

春山　確かに、都会にずっといると、その有り難さがなかなかわかりにくいですね。山へ行ったり旅をしたりしていると、歩く・呼吸する・食べる・寝るというあたりまえの行為が純粋に楽しく、尊いものだと感じます。また**山での経験があるからこそ、何でもある都会のよさも実感でき、日常の有り難さがわかります。**これは自然体験が与えてくれる一つの示唆と言えるのではないでしょうか。

養老　そうやって、いろんな状況を体験するのがいいということですね。
　こういうことは大所高所から説教してもダメで、大災害が起こって、「今日の飯どうすんだ」「トイレどうすんだ」という状況になって初めて、山へ行ったり、キャンプしたりしているときの経験が役に立つことがわかるはずです。

春山　普段から一種のサバイバル体験をしておくといいということですね。

養老　とはいえ、急に生活を変えるのは難しいでしょうから、結局、考え方を変えないといけないのだと思います。

もう一つ大事なことを言うと、大規模な災害の後、どのような日常をつくっていくのかということも、今から考えていかなければいけません。たとえば、関東大震災の後、日本は大正デモクラシーから戦争へと突き進んでいきましたし、幕末の安政の大地震でも、明治維新へと大きく時代は動くことになりました。このように、**「空気で動く」と言われる日本社会は、天災の後、空気が一変してしまう**からです。

春山　災害の後、どんな社会をつくっていくか、私たちの世代がしっかり考えないといけないと思っています。

いのちと風土のつながりを意識する

春山　慶應義塾大学名誉教授の岸由二先生が、「山、川、街、海」を一連のつながりとして捉える「流域思考」を提唱されています。岸先生は進化生態学がご専門で、リチャード・ドーキンスの『利己的な遺伝子』（紀伊國屋書店）の共訳者としても知られている方ですが、研究の傍ら、東京都町田市を源流とし、横浜や川崎から東京湾に注ぐ鶴見川流域の環境を守り、地域の人たちに身近な自然を伝える活動に取り組まれています。一九九〇年代初めより活動をスタートし、その後、「鶴見川流域ネットワーキング（TRネット）」というNPO法人も立ち上げ、各市民団体や行政、企業とも連携しながら、行政区域でなく流域という単位でさまざまな課題の解決を図っていらっしゃいます。

川の上流域や下流域など一部の地域を改善したとしても、それ以外の場所で問題が放置されていたら、意味がありません。流域全体で岸先生たちの地道な活動が続けられてきた結果、汚れてゴミだらけだった鶴見川は昔のきれいな川の姿を取り戻しました。また、神奈川県三浦半島の先端に小網代の森という、約七〇ヘクタールの森があるのですが、そこでゴルフ場などリゾート開発が進められそうになっていたところ、源流から河口まで流域一帯の自然が残っている貴重さを訴え、保全活動を行っていらっしゃいます。気候変動がさらに進むであろうこれからの時代において、流域で地域生命圏を捉える岸先生たちの理論と実践は、参考にすべきものがたくさんあると感じています。

養老　小網代の森には行ったことがありますよ。僕がこどもの頃によく見たアカテガニがいっぱいいて、懐かしかった。今の鎌倉は、海岸に道路が通って海と山が分断されてしまっているので、もうアカテガニを見ることはほとんどありません。

春山　流域が自然のまま残されているからこそ、小網代の森ではアカテガニが生息できているのですね。

先ほどの災害対策の話のつながりでいうと、岸先生ご自身も、鶴見川下流の街に暮らしていらっしゃる間、「暴れ川」と呼ばれた鶴見川の氾濫を何度も体験されており、防災の観点から流域全体を考えることを提唱していらっしゃいます。戦後、鶴見川の流域で急激な市街化が進んだことで、それまで田んぼや雑木林が担ってきた保水力が失われ、少ない雨量でも氾濫するようになったと言います。保水力を上げるため、鶴見川の上中下流にはたくさんの緑地や数千もの雨水調整池がつくられ、氾濫を防ぐ工夫をしているそうです。また、近年の気候変動で、日本各地で豪雨災害が増えています。災害から身を守るため、そして持続可能な都市づくりを支えるためにも、自分が暮らす「流域」をよく知る必要があるというお話には、説得力を感じます。

養老 本当は、日本全体で岸さんがやっていることをやらないといけないですね。

岸さんは今、町田に住んでいるそうですが、もともとは神奈川村の時代の横浜にまで遡れる家系の生まれだそうです。「流域思考」の発想は、やはり土地に長く根付いている人だからこそできるのでしょう。

春山 おっしゃる通りですね。岸先生の流域思考は、先生の人生やお人柄、あの地域で育ったからこそ培われた思想だと思います。

岸先生のご尽力もあり、ここ数年、「流域思考」への関心が行政や教育の分野でも高まっているそうですが、自分が住む街と流域とのつながりに注目が集まれば、「自分たちの街から見える山や海が恵みの源流なのだから、今以上に山や海を大事にしよう、育てていこう」という気持ちが生まれてくるでしょう。そして、都会に住んでいても、同じ流域圏の山や海の課題は、自分たちの暮らしの課題でもあるという意識を自ずと持つことができるようになると思います。また、地域や流域ごとに食料やエネルギーの自給率が可視化され、何が起きても生き抜くことができるような生活の基盤を、流域ごとにつくり直せたらと考えています。

養老　今の話と関連することで、僕がいつも言っていることの一つに、「**都会が家なら、山は庭だ**」というものがあります。家の手入れだけして、庭をほったらかしにしているのはおかしいですよ。

しかし現代の日本では、ローカルを大切にして生きていくという考え方と真逆のことが行われてきました。その典型が新幹線で、山、川、街、海がつながる流域の環境を考慮せずに整備してきました。川の流れを無視して、直線的に横切るというのは、効率しか考えていないことのあらわれです。

春山　新幹線もそうですが、日本のように、これだけ風土を壊してコンクリートで固めていった国というのも珍しいと思います。風景・風土と自分たちの暮らしが地続きであることの実感が希薄になっているために、風景・風土が壊れていくことに私たちは鈍感になっているのかもしれません。今、そのことがとても気がかりです。

これから気候変動で、雨の降り方や台風の規模も変化していくことでしょう。今までは、地域や流域と無関係に社会システムをつくってきましたが、もうそういうわけにはいかなくなります。そんな中、自分たちのいのちが環境や風土とつながっているという意識を持つことは、きわめて重要になっていくと思います。

日本人の自然観はどう変化したか

春山　私は屋久島が好きで、よく行くのですが、屋久島では今も「山に神様がいる」という山岳信仰が色濃く残っており、集落ごとに岳参りがあります。これは五〇〇年くらい前にはじまったとされる伝統行事で、当時、屋久島で地震が頻発していたことを受けて、僧侶が屋久島の永田岳という山に参籠したところ、地震が止まったという言い伝えがあります。聞くところによると、屋久島の岳参りは戦争中に中断され、集落によってはそのまま途絶えていたけれども、近年、復活の気運が高まり、現在では二六ある集落のうちほとんどの集落で行われているそうです。

集落によって登る山もやり方もそれぞれだそうですが、基本的には、春になると塩や酒などのお供え物を持って山に登り、無病息災や五穀豊穰《ほうじょう》、家内安全を山の神様にお願いします。そして秋になると、「今年も実りをありがとうございました」と、収穫物を持って山に登る。屋久島の岳参りからは、レジャーとしての登山とは異なる山への向き合い方や自然観がうかがえます。

おそらく、以前は日本各地で、屋久島の岳参りのような山の行事が行われていたと思います。もともとの日本の自然観は、風景や風土に対する感性と、宗教的な精神性が密接につながっていたはずです。失われつつある、**地域で受け継がれてきた自然観や祈りが具体的な行為として再興し、人々の生活に組み込まれていけば、風景・風土はより豊かに、美しくなっていく**のではないかと感じています。

養老　日本では神社仏閣の裏山が山岳信仰の対象だったり、神域として保護されていたりして、そういうところでは巨木や原生林が守られてきました。鎮守の森と言いますが、人口が何十万人もいる大都市のすぐ横に原生林が残っていたりして、非常に珍しい虫が見られます。

春山　そうなんですね。

しかし、そうした自然観が根付いている地域が今、どれだけあるのかと考えてしまいます。先生は、戦争を挟んで日本が大きく変わる時代を生きてこられたわけですが、そうした自然観の変遷についてはどのように考えていらっしゃいますか。

養老　日本では、岳参りのようなことが何百年か何千年かの長い単位で行われてきたと思います。日本の自然は、世界の他の地域と比べれば、わりあい柔和で穏やかです。それでも地震や台風、火山の噴火といった猛威を振るうこともある。この人口過密な列島で、そういう自然を崇《あが》め、畏怖しながら、なんとか折り合いをつけながらやってきたのが、日本の文化と言えるでしょうね。

けれども、そういう自然観を全部「変えていい」としたのが日本の近代で、特に明治維新と一九四五年八月一五日の敗戦がそうですね。僕は、ローカルのものを全部潰してもよいという時代を生きてきたのだなと思います。

八月一五日になると、僕はいつも、学校で教科書に墨を塗らされた話をするんですが、そんなふうに社会的に一八〇度考え方を変えるということをやったときに何が起こるか、当時、まったく気にかけられていませんでした。**それまで教わってきたことを全否定されたこどもたちがどういう影響を受けたかなんて、調べもしていないのですからね。その結果が今出てきているような気がします。**

要するに、よそでうまくいったことを取り入れればいいんだという二番煎じの思想で生きてきた。自分で考えなくてはいけない問題も、まったくそれを放棄して、明治維新ではヨーロッパ、戦後はアメリカのやり方をただ真似《まね》してきたわけです。これは一種の楽観主義が根本にあると言えるでしょう。

春山　今の問題の根は、日本の近代化にあるということですね。

養老　いかに西欧近代文明を移入しても、それを担うのは日本人なのですから、特に人文社会科学みたいなものを、よそから持ってきてそのまま当てはめようとしても、ダメなんですよ。それを最初に痛感したのが夏目漱石だったのだと思います。国費でロンドンに留学した漱石は、大学で文学論の講義を聴いたけれども、自分のやりたかったこと、やりたいことの参考にまったくならない。それで、周りから神経衰弱だと言われるほど悩んで、結局、そういうことは自分で考えるしかないという結論に至ります。それで日本に帰国後、彼は自分で創作活動をはじめるわけですね。

明治以降の文学に生まれた問題は、我＝個＝私で、これは西欧化によって社会が変化したことが原因です。しかし、日本社会は義理人情の共同体ですから、西欧的な「個」は馴染《なじ》みません。そもそも、キリスト教という一神教がベースにあって、最後の審判で救われる「不滅の霊魂」を「自己」と同一視する西洋と、心と身体が分かれるとは考えない日本人の「自己」はまったく違うのです。「日本人には個の確立が重要だ」「個性を伸ばせ」などという主張は、要するに明治に西洋の近代的自我が侵入してきたから言われるようになったのですね。

春山　そう聞くと、「個性」とはなんだろうと考えてしまいます。

養老　小説家になった漱石も、西欧近代的自我と義理人情の世界である「世間」の対立に直面し、「個人主義」をどう捉えればいいかわからないと悩み続けました。『私の個人主義』という講演を読めば、彼の悩みがいかに深かったかがわかります。漱石の「則天去私」の「私」は、西欧近代的自我のことですが、悩んだ末に「天に則って、私を去る」という境地になったわけですね。

漱石の悩みを継いだのが、小林秀雄、そして小林に私淑した山本七平でした。フランス文学やベルクソンなどから西欧的な「個」を考えた小林は、晩年、『本居宣長』（新潮社）という、本居宣長の伝記ともいうべき本を書き上げます。日本の伝統、文化と言うけれど、自分たちが本当に持っているものはいったいなんだろうということを、小林は考えたかったのでしょう。つまり、大和心《やまとごころ》と漢意《からごころ》というやつですね。私は、この本がとても好きなんですよ。『本居宣長』には、宣長の書斎だった鈴屋《すずのや》の紹介があるのですが、ここで小林は何を伝えたかったのか。宣長は伊勢松坂で医師をしていて、一階では患者に薬を調合し、国学に励むときは、箱を積んでつくった階段を上がり、二階の四畳半の鈴屋にこもりました。宣長は、世間とつきあうための生業《なりわい》である医師と、生涯の仕事である国学と、はしごで行き来していたのです。そんな几帳面な生活人としての宣長の姿を、小林秀雄は何の説明もなく描くのですが、宣長の日常生活と学問とが見事に絡んでいることがよくわかる仕立てになっています。そこに、漱石が悩んだ個と世間の対立はありません。ある意味、「自己」の理想像だと思います。

春山　**自己が生活と結びついている。**なんだかすごく腑《ふ》に落ちます。

長い時間軸で考える

春山　私は、自分の生業として美しい風景・風土をつくり、人間だけでなく多くの生きものが住みやすい環境を次の世代に引き継いでいきたいと思っています。

これは自戒を込めて言うのですが、ベンチャー界隈《かいわい》やインターネット産業は、ネットの中に閉じてしまっていて、現実の風景を美しくしていないのではないかと感じています。時間軸を長くとったとき、はたして自分たちがやっていることにどれだけ意味があるのか。やはり、インターネットに閉じず、現実の風景を美しくする事業にもっとコミットしていきたいと感じています。

実際に日本の山や森を歩いてきて、「この風景を守るために、自分一人でいったい何ができきるだろう」「時間が全然足りない」と、強い危機感を覚えます。焦ってばかりいてもしょうがないので、まずは自分たちができることから、日本の風土を豊かにする取り組みをはじめています。その一つに、登山をしながら、山に落ちていたり、捨てられたゴミを拾う「清掃登山キャンペーン」があります。これはＹＡＭＡＰ一〇周年記念企画の一環として行ったのですが、二〇二三年五月一日から六月三〇日までをキャンペーン期間に定め、半分が過ぎたところで、当初目標にしていた参加者一万人を超えました。

参加した方の報告リポートによると、はじめる前は「使い捨てマスクや飴の包み紙ぐらいしかないだろう」と思っていたのに、

予想以上にたくさんのゴミがあることに気づいたという方が多いんです。一〇キログラム以上ものゴミを回収することもざらで、「放置しておけない」と、繰り返し清掃登山に通ってくださる方もいらっしゃいます。

養老 今は、登山者は自分のゴミは持ち帰るのがマナーですよね。

春山 はい。それでも、人間が残したゴミが山にたくさん落ちているのが現状です。今回のキャンペーンが一歩を踏み出すきっかけになって、多くの登山者が山のゴミ問題解決への意識を持ってくれれば嬉しいです。また、私たちの世代の意識や行動が変わることで、次の世代へ今より美しい山を残していきたいです。

ＹＡＭＡＰのアプリがあることで、これまで登山をしていなかった人たちが山に興味を持ち、実際に山を登るようになったことは嬉しいのですが、単に「山は楽しかった」だけではもったいない。ゴミを拾うことで山をきれいにすることもそうですし、歩く以外にも登山者が山に深く関わり、植樹や登山道整備など山を美しくする活動に携わる方が、実はもっと楽しかったり、やりがいが得られるのではないかと考えています。

時間軸を長くとるということで言うと、ＹＡＭＡＰではユーザーの方たちと一緒に山に木を植える活動もはじめています。九州北部に英彦山《ひこさん》という、日本三大修験道の霊山があるのですが、二十数年前の台風と鹿の食害によって、山頂付近の広葉樹の森が壊滅状態にあります。剝《む》き出しになった地面は土砂災害にもつながる危険があるので、YAMAPの循環型コミュニティポイント「DOMO《ドーモ》」を活用し、英彦山に在来種の広葉樹・常緑樹の苗を植樹するプロジェクトを立ち上げました。

養老 それはいいですね。**木を植えるのは、時間の単位が何十年、何百年の話ですから、物事を長い目で見ることにつながります。**明治神宮の森だって、林学者や造園家たちが「一〇〇年を経て自然の林相になる」ことを目指してつくった人工の森で、今、あれだけ素晴らしい森が東京の真ん中にある。すごいことですよ。

春山 このプロジェクトのヒントになったのは吉野詣なんです。奈良県の吉野は桜の名所として知られ、山桜をはじめ約三万本もの桜が植わっています。その経緯を調べてみたところ、平安時代初期、修験道の開祖と言われる役小角《えんのおづぬ》が吉野の山上ヶ岳で蔵王権現を感得し、その姿を山桜に刻んで祀《まつ》ったことにはじまると言われています。京の内裏にも吉野の桜の木が植えられて「左近の桜」と呼ばれるなど、吉野と桜は切っても切れない関係にありました。誰かが考えたのか、自ずとそうなったのかはわかりませんが、いつしか、吉野詣のときには桜を植樹するという習慣が生まれ、山のふもとでは村のこどもたちが桜の苗木を売っていたそうです。室町時代にはある商人が吉野詣で一万本もの桜を植樹したという話も伝わっています。

山にお参りに行くことと山に木を植えることをつなげ、祈りの行為として昇華している吉野詣の仕組みは、大きな示唆を与えてくれます。吉野詣を参考にしながら、山に行く人が増えることで山がより豊かになる仕組みを、現代にどうよみがえらせることができるか。考えつつ、実践を積み重ねています。

日本人は昔から木を植えてきた

春山　今、気候危機の問題が叫ばれ、CO_2の排出抑制について議論されていますが、そのためには、化石燃料をなるべく使わないだけでなく、CO_2を吸収する森を積極的につくっていくことも大事なことだと思います。

養老　日本人は昔から木を植えるということをしてきました。人類は古代文明の時代から、周囲の森林を伐採して都市をつくるという歴史を繰り返してきました。日本でも、奈良時代や平安時代は新たな都をつくり、寺社仏閣を建立するために、たくさんの木を伐《き》ってきたはずです。その一方で、平安時代に京都のお坊さんが木を植えたという記録も残っており、空海が開いた高野山でもおそらく植林がされていたと思われます。近代以降のヨーロッパを除いて、こういう習慣を続けていた国は世界でも日本だけでしょう。

江戸時代になると、幕府は「これ以上、木を伐ってはいけない」という御留林《おとめりん》を定め、森林資源を保護しましたし、そのおかげで広葉樹の原生林が残っている場所が、ここ箱根の近くにもあります。また、お上に言われなくても地域の住民たちが自主的に守った森もたくさんありました。さっきおっしゃったように、木を伐り過ぎると、土砂崩れが起こったり、洪水になったりして、大変な目に遭うわけですから、**生活のために木を伐ることは必要だけれども、限度を超えてはいけないということを、昔の人はよくわかっていた**のだと思います。

春山 そこが、西洋と日本の自然観の大きな違いかもしれません。

養老 日本人の自然観は、自然と対峙《たいじ》する西洋のそれとは明らかに異なるもので、西洋の「nature」と日本の「自然」は同じものではありません。「nature」は原生林のような手付かずの自然のイメージです。しかし、日本語の「自然」は、里山のような、人の手がある程度入った自然なんです。その程度がどれくらいかは人によってグラデーションがあるでしょうが、たとえば田んぼや畑も多くの日本人は「自然」と捉えていると思います。こういう自然観は、日本人が世界を感覚的に捉える見方とも深く結びついているはずで、西洋人の概念的な世界の捉え方と対照的です。

ただ、そういう自然への手入れが今はできなくなってしまっていますね。戦後、日本は復興のために大量の木を伐り、その後に、スギやヒノキなど建材用の人工林をたくさん造成しました。本当はこのスギやヒノキを間伐して、山の手入れをしなければいけなかったのですが、エネルギーを石油に頼れるようになり、また輸入建材の方が安いというので放置され、山はすっかり荒れてしまいました。日本は国土の七割以上が森林という国ですが、そのほとんどがこうした荒れた山です。林業など山で仕事をする人たちは危機的な状況にあると言えます。

春山 吉野諮の植樹は、人の手が入ることで山がより豊かになっていく、一つの仕組みではないかと思います。たとえ小さくても、そうした仕組みを各地で再興していく必要があると考えています。

養老 人が入ることでより山が豊かになるというのは、まさに里山のことですね。世界中を見ても、日本の里山のように隅々まで自然を利用しているところは少ないと思います。

虫が捕れるかどうかは、その地域の環境と深く関係していますが、人が多少手を入れた山の方が、実は虫が多い。生態学者の中には、完全な原生環境の方が虫が多いという意見があるんですが、我々「虫屋」の経験からいうと、里山のように、ある程度、人が手を入れているところの方が虫は捕りやすいんです。

だいたい、完全な原生林なんて、アマゾンのような、ほとんど人の行かないところにヘリコプターで飛んでいって降りるということでもしない限り、行くことはできないわけです。

だから、どっちが多いかなんて議論しても意味がないし、実際問題、アマゾンのジャングルでは生きものはみんな日が当たる木の上にいて、まっくらな地面に虫はいないんですよ。
たぶん、昆虫などの生物にとっては、手付かずの自然と人工的な世界の中間ぐらいが、意外に住みやすかったりするんじゃないですか。今は、そういうふうに、生物にとって住みやすい範囲が、人間の住む場所の近くまで広がってきています。箱根のあたりもかなり鹿が増えていて、場所によっては鹿に会わない日はないというぐらいになっています。

春山　人間の営みを含めての自然です。「狩」という字は、獣を守ると書いて「狩」です。狩猟など人の手が適度に入るからこそ守られる環境や自然があります。手を入れ過ぎるのはよくないとしても、バランスをとりながら、適度に人が山に入ることが必要です。

養老　でも、そのバランスをとるのはなかなか難しいですね。特に日本の自然は非常に多様で複雑ですからね。以前、高知県の大川村に行ったとき、地元の人が山に生えている木の苗を持ってきて見せてくれました。それがなんと三一種類もあったんです。そういう豊かな多様性が、その土地その土地で微細に異なっているのが日本の風土で、たとえば箱根から山梨県の道志村まで車で行くと、それほど長い距離ではないのに、いくつも峠があって、**峠を越える度に気候が変わります。それだけ土地によって細かく環境が変わってくる**ということです。
そんな地勢の国土で里山をどう回復するか、その加減は、やはりそこに長く暮らしていないとわかりません。里山を全国一律のやり方で維持しようとすると、竹やぶばかり増えてしまったりする。よそでうまくいったことが、別のところでも通用するとは限りません。

そう言えば最近、箱根でも九州でしか捕れなかった虫がたくさん見つかるようになったんです。不思議に思って調べてみると、箱根で造園をしたある業者が、九州から運んできた苗木を使ったことがわかりました。おそらく、そこから虫が一気に増殖したのでしょう。それがこの先、どういう影響を箱根の生態系に及ぼすかはわかりませんが、こういうことが日本各地で起こっていますね。

そんなに一生懸命頑張らなくていい

養老　『土を育てる　自然をよみがえらせる土壌革命』（NHK出版）という本があります。著者のゲイブ・ブラウンさんはアメリカ人で、もともと、都会育ちの若者でしたが、農家の娘と結婚した後、義父母から農地を受け継いで、やがてノースダコタ州に二〇〇〇ヘクタールという広大な農場と牧場を所有することになります。最初は化学肥料や農薬を使用していたようですが、一九九〇年代から完全有機栽培に切り替え、土をまったく耕さない不耕起栽培を行っています。種を蒔《ま》くときも、土に小さな切り込みを入れるだけだそうです。この本に載っている写真を見ると、ジャガイモを育てるときは、ただ種芋を畑に並べていって、上に干し草をかぶせるだけ。それなのに、収穫のときに干し草をどけると、ちゃんとジャガイモが育っている。「なんだ、これでいいのか」という感じでしょう。

ブラウンさんは福岡正信さんの「自然農法」にも影響を受けたそうですが、僕も日本で不耕起栽培をやっている人の話を聞いたことがあります。ただ、日本の場合はもっとストイックで、なんというか一種の宗教のように、信念でやっている印象を受けました。ところが、この著者がすごいのは、周辺の農家と競争できるだけの収穫を上げて、経済的にもやっていけるということを証明しているんです。これも一つのアメリカン・ドリームと言えるでしょう。

春山 土を耕さず、農薬や肥料を使わず、地球の生態系の働きに任せるリジェネラティブ農業（環境再生型農業）は、ネットフリックスのドキュメンタリー「キス・ザ・グラウンド　大地が救う地球の未来」などでも紹介され、注目を集めていますね。

養老 **本来、自然はそういうもので、下手にいじらない方がいい**んです。「土地が広いアメリカだからできるんだ」と反論する人もいるかもしれませんが、この本の「日本版に寄せて」を読むと、日本でもうまくいくことが説得力のある文章で書かれています。

でも、よく考えてみると、耕さなくても作物をちゃんと収穫できるというのは不思議なことです。人類が農耕をはじめてから約一万年の歴史があるわけですが、そんなに長い間、額に汗して地面を耕してきたのは、いったいなんだったんだろうという疑問が起こります。ホワイトカラーの仕事の大半は、やらなくてもいい「ブルシット・ジョブ」などと言われていますが、都会の人の仕事も、土を耕すのに近いことなんじゃないかという気がします。教育でも盛んに「一生懸命勉強しなさい」と言っているけれども、土を耕さなくてもちゃんと作物は育つということに倣えば、実はあんまり一生懸命やらなくてもなんとかなるんですよ。

春山　今のお話で、世界で最初に完全無農薬・無肥料でのリンゴ栽培に成功した、「奇跡のリンゴ」の木村秋則さんを思い出しました。

養老　そうそう、木村さん。彼の結論も、自然の力を活《い》かして、あとは放っといていいということだったけれど、それを気に入らない人が多い。

春山　農薬や肥料を使って一生懸命に農業をしている人にとっては、そういうことが受け入れにくいのかもしれません。

養老　一生懸命努力したことを評価したいのでしょう。特に日本ではそうした傾向が強い。「俺が苦労してやったからできた」と言いたいんです。だから、耕しもしないで勝手に育って収穫できるというのは、日本だと嫌がられる。もうちょっと自然に対して、頭を柔らかくした方がいいですね。
不耕起栽培が教えてくれるのは、「土を耕す」という、人類が一万年やり続けてきたことでも、それと一八〇度違う発想をしてもいい、ということです。一生懸命頑張れば何でもできるというのは、あらゆることに「予測と制御」が可能だという都会人の考え方で、自然も人生も、そんなに思い通りになるものではありません。
特に日本のように何でも頑張るのが好きな国では、「もしかして働かなくても大丈夫なんじゃないか」**「そんなに頑張って勉強しなくてもいいんじゃないか」という疑問をもっと持った方がいいし、むしろ怠けた方がいいくらいじゃないですか。**たとえば、東京で三〇度超えたら仕事は全部休みということにすれば、猛暑の中で無理して働かなくてもいいし、あれだけたくさんあるオフィスビルで使っているクーラーも止められます。みんなが休むことでどれくらい石油の消費量が減ったか、省エネのコストを計算してみたらいいと思いますよ。その結果を国連に持っていけば、「我が国は脱炭素に成功している」と胸を張れる。

春山　それはおもしろいですね。確かに発想の転換が必要で、農業のやり方を含め、自然と人との関わり方で、わかっていないこと、試していないことがまだまだたくさんある。いろいろな方法を試してみるのがいいかもしれません。

養老　とはいえ、農業では通常、一年に一回しか収穫ができませんから、それに失敗すると一年分がパーになってしまいます。この本の著者のブラウンさんも、不耕起栽培をはじめた頃、四年連続して、雹害《ひょうがい》や大雪などで大損害を受けています。その結果、彼は耕作地の生態系がよみがえっていることに気づき、「土の健康の五原則」、つまり「土をかき乱さない」「土を覆う」「多様性を高める」「土の中に『生きた根』を保つ」「動物を組み込む」ことを学びます。今は六つ目として、農場がどういう気候風土にあるのかという「背景の法則」が加わったようですね。

目の前の生きものは「解答集」

春山　多岐にわたるお話を伺ってきましたが、そろそろ最後の質問をさせていただきたいと思います。YAMAPは「地球とつながるよろこび。」という企業理念を掲げています。なぜそういう理念を掲げているかというと、登山をレジャーとしてではなく、生きていることを実感し、環境・風土とつながる文化的行為として、社会に位置付け直したいと考えているからです。

それに関連して伺いたいのですが、先生はどういったときに自分と地球がつながっていると感じていらっしゃるのでしょうか。

養老 虫を捕ったり、いじったりしているときですね。これだけ長年やっていても、虫とつきあっていると、「なんでこんな虫がいるんだろう」と不思議に思います。彼らは、恐竜が滅びるような状況も含めて、ありとあらゆることをくぐり抜けてきて、今のような姿になっているわけですね。そうやって生きのびてきたのが、今、目の前にいる虫たちです。だから生物学で一番おもしろいところは、疑問ではなく、答えなのです。学校教育では通常、問題が先にあって、それを解くことが目的になっていますが、生物の場合、答えはもう目の前にある。生きものは、数学でいう解答集なんです。

春山 私たち人類も存在そのものが一つの答えであり、私たちは一つの答えとして、今、生きているということなのですね。感慨深いです。

養老 でも、解答集だけ持っていてもしょうがないんですよ。

春山 だから、虫を通して世界を見ているわけですね。

今回の対談で先生がおっしゃったことは、私たちのように自然を舞台にビジネスをしている企業にとって、大切な道しるべになると思います。今日お話ししたことを私たちなりに、事業として社会に実装し、生きのびられる環境をつくり、次の世代へと引き継いでいきたいと心から思いました。

養老　現代人は大人もこどもも余裕がなくなっていて、自然の中で遊ぶどころではないのかもしれませんが、**本来、人間は自然の中で生かされていて、そこから切り離された暮らしは苦痛に感じるはず**なんです。これまでであれば、山に行ったり、キャンプをしたりするというのは、よほどそういうことが好きで、わざわざ面倒なことをやっているという感じがあったでしょう。それを事業にするなんて、それこそ変わった人たちだと思われていたかもしれませんが、むしろこれからは、そうした自然に合わせた暮らしが日常になっていくと思いますよ。

春山　養老先生の著作やお考えに多大な影響を受けて起業した者として、養老先生に直接お目にかかりお話をお伺いできたことは、私にとって一つの奇跡です。養老先生の自然観や考え方を私なりに咀嚼《そしゃく》し、自分の生き方や事業に昇華したいと思います。

Column 1

自然経験こそ最上の教育

春山慶彦

現代社会の最大の課題

YAMAPは登山・アウトドアをビジネスの土俵にしています。そもそも、なぜ登山・アウトドアをビジネスの土俵に選んだのかをお話ししたいと思います。そこには、私なりの課題意識があります。

私は現代社会の最大の課題は、身体を使っていないことにあると考えています。これは、写真家の星野道夫さんや、神話学者のジョーゼフ・キャンベルさん、民俗学者の宮本常一さん、生態学者の今西錦司さん、解剖学者の養老孟司さんといった方々の著作を読んだり、自ら山に入ったりして気づいたことです。

都市化が進み過ぎたことにより、自然とのつながりや、私たち人類もまた自然の一部であるという認識が薄まりつつあります。今後も、都市化は進んでいくでしょう。ただ、都市化のゆり戻しとして、人々の自然回帰も同時に進むだろうと予測しました。都市化社会では人間の身体性は抑え込まれてしまっている。その反動で、身体を動かしたり、自然を求めたりするニーズが今後高まっていくだろう。なぜなら、私たちの身体もまた自然そのものだから。実際、コロナ以降、自然を求める傾向は顕著になっています。

今の日本では、生業として自然と関わる人は少なくなっています。農業・林業・漁業といった第一次産業に従事している人は、就労人口の約三パーセント、約三〇〇万人もいない。また、第一次産業を仕事とするには、土地や技術などの課題があり、ハードルが高い。楽しいとか、わくわくするとか、ポジティブな回路で都市と自然をつなげられないかと考えたとき、登山・アウトドアには大きな可能性があると思ったのです。

今、日本の登山人口は約七〇〇万人と言われています。これだけ自然が豊かな場所に暮らしていながら、人口の一割も山に登っていない、山と親しんでいないのは、もったいないと思います。私たちの身体も自然の一部ですから、本来、山で遊び、自然の中で時間を過ごすのは、楽しいはずなんです。

私は、山に関わる人、山で遊ぶ人の数を約三〇〇〇万人、人口の四人に一人くらいにまで増やし、山で遊ぶ人が増えることで、山が豊かになる仕組みをつくっていきたいと思っています。そこに大きな魅力と可能性を感じ、起業しました。

環境論と幸福論はセットで考える

環境問題や気候危機が、人類の大きなテーマになっています。それと同時に、ウェルビーイングといった言葉や、幸福論に関する書籍を見かけることが増えました。なぜ環境と幸福の話が同時期に取り上げられているのか。それは、どちらも本質的には同じ問題だからだと思います。

ここ数十年、気候変動などで人類を取り巻く環境が激変しています。また、現在のマネー資本主義を続けていけば、人にも地球にも未来はないと感じている人たちも多くなっています。そのような背景から、生き方や幸福について改めて考えようといった風潮が強まっているように思います。生き方や幸福について考えるには、私たちを取り巻く環境の捉え方を整理しなければいけません。

今までの環境論は、環境と人間を分ける考え方が主流でした。でも、生態系の視点から見てみれば、環境の中に人類がいて、その人類の中に自分のいのちがある。このような環境観を持てるかどうかが、環境を考える上でも、人類の幸福や生き方を考える上でも鍵になると思います。

数学者の岡潔さんは、この視点を「宇宙樹」という言葉で表現しています。宇宙という大きな木があって、そこに地球という幹があり、生物という枝の、人類という小枝の先に、自分のいのちという葉っぱがある。

岡さんは当時の若者たちに心を配り、宇宙樹の話をしたのです。若い人たちを見ていると、自分のいのちをどこにもつながっていない一枚の葉っぱとしてしか捉えていない。木の幹や枝と連なる葉っぱとして自分のいのちを捉えていない。それでは息苦しくて当然だ、と。

一人ひとりのいのちはどこから来ているのか。先祖でもいい、環境でもいい。さまざまな生物とのつながりの中で今ここに自分はいる。いのちはつながっていて、そのつながりを感じることがいかに大事かを岡さんは語っています。

ウェルビーイングの概念を含め、現代の幸福論は、西洋的な価値観に寄り過ぎていると私は思います。個人的かつ短期的で、自分のいのちだけを見て幸福を考える傾向が強かった。また、物質的な豊かさに重きを置く価値観も強い。この幸福観では、東洋、あるいは日本的風土に暮らす私たちは幸せになりづらいのではないか。幸福観は、その土地の風土や環境に依存する部分があります。そのため、それぞれの風土に合った幸福観をつくっていくことが大切になる。だからこそ私は、環境と幸福はセットで考える必要があると思っています。

日本的風土に根差した幸福論を

ウェルビーイングやSDGsなど西洋から持ってきた概念に自分たちを無理に当てはめよ

うとしても、借り物の概念なので、いつまで経っても根付かないでしょう。西洋的価値観をわざわざ持ち出さなくても日本にも参考になる幸福論はあります。たとえば、江戸時代に書かれた貝原益軒の『養生訓』です。

貝原益軒は幸せに生きることを「徳を積む」と表現しています。彼の言う「徳」は、今の私たちがイメージする「徳」とはだいぶ異なっています。養生訓の中に「人の身体は父母をもととし、天地をはじめとしたものである」「私のもののようであるが、けして私だけのものではない。慎んでよく養い、いためたりこわしたりしないで、天寿を長くたもつようにしなければいけない」とあります。この言葉を読むだけでも、いのちをつながりで捉えていることがわかります。

「徳を積む」とは、「善いことをしましょう」という小さな話ではありません。自分のいのちと他者のいのちはつながっていて、それは天地ともつながっている。だから、自分のいのちがよろこぶことは、他者のいのちも、天地をもよろこばせることなのだ、というつながりを含んだ生命観です。これが、貝原益軒の言う「徳を積む」です。これこそまさに日本的風土に根差した幸福論だと思います。

また、養生訓の中には「よく生きるとはどういうことか」が書かれています。心身を整えること、健康であること、笑顔でいること、いのちがよろこんでいること。これは幸福の話だけでなく、環境の話でもあります。自分がよろこんでいたら人類もよろこんでいて、同時に環境もよろこんでいる。だからこそ、人が幸せに生きることと、環境が豊かになることはつなげていかなければならないし、本来はつながっていたはずなんです。

こどもたちに「地球にとって人間が一番の害。人間っていない方がいいんじゃない？」と質問されたら、みなさんはどう答えるでしょうか。今の不幸の原点はここにあると私は思います。つまり、人間がいることで環境が悪くなってしまっている。ここに生きにくさや、不幸の原因があります。

でも、貝原益軒の幸福論では、自分が幸せになると、周りが幸せになり、社会も良くなる。そうすることで環境も豊かになっていく。これを「徳を積む」として、生き方を説いている。人が幸せになり、環境も豊かになる仕事や社会をいかにつくるか。つくることができれば、生きること自体が肯定され、人類は種として地球にいていい状態になる。ここにこそ、希望があります。

人も自然も豊かになっていく仕組みを

私は、登山者が山に入ることで山がもっと豊かになる仕組みがつくれないか、ずっと考えてきました。前章でもご紹介したように、その一つが奈良県の吉野で行われてきた「吉野詣」です。

北アルプス雲ノ平にて　撮影／春山慶彦

昔の参拝者は、ご神木である桜の苗木を持って吉野にお参りをして、その苗木を植えるという風習がありました。吉野詣では、山に行くことと山を美しくすることがセットになっていて、それを祈りの行為としている。

吉野詣以外にも、人間と自然がともに豊かになる仕組みがあります。日本の里山、里海にはそうした仕組みが今も残っています。里山はきわめて日本的な風景ですが、人の手が入ることで生態系が豊かになり、人間の暮らしも良くなっています。里海における牡蠣《かき》の養殖も、そんな仕組みの好例です。

風景に関して、南方熊楠がとても大事なことを言っています。「風景は我が国の曼荼羅《まんだら》ならん。風景ほど実に人の世に有用なるものは少なしと知るべし」と。私たちは、風景をそのように見ているでしょうか。美しい風景は、飾りではないのです。私たちそのものであり、私たちの知恵といのちの源泉です。

もう一つの大事な視点があります。宮沢賢治の言葉です。「世界がぜんたい幸福にならないうちは個人の幸福はあり得ない」。こうした視点は、ウェルビーイングを含め現代の幸福論にはあまり入っていない気がします。

南方熊楠や宮沢賢治のこの視点こそ、人類の幸福と地球環境の豊かさを両立するための道しるべになると思います。

知識よりも知覚を磨くことが先

こうした観点から、私は「自然経験こそ最上の教育である」と考えるようになりました。ただ、私は教育の専門家ではありませんから、これが絶対だと主張するつもりはありません。しかし、これまでお話ししてきたような私自身の体験や読んできた書物から、このような考えに至りました。

慶應義塾大学教授の安宅和人さんは論文の中で、「知性の核心は知覚にある」と述べています。それによれば、知性の獲得には、まず感覚を通した知覚があり、その次に思考（知識）があって、行動があるのだそうです。

ここで大事なことは、思考の前に知覚があるということです。知覚とは、自分を取り巻く世界をどう感じるか。知覚、つまり感覚、感性、五感で世界を捉えること、既存の思考と統合しながら解釈すること。そこに知性の核心がある。

難しく聞こえるかもしれませんが、要は、何を見、何を感じるかが知性の原点だということです。豊かで優れた知覚能力（感覚・感性）がなければ、知性的な思考や行動もない。

この知性、特に、知覚を磨く最適な場所が自然であり、「外」です。環境が激変している時代に、人間が人間からしか学んでいないのはリスクでしかない。教室という場所には人間しかいません。単一種しか存在しない「箱」です。それは、生態系から見たとき、ある意味で異常な空間です。

一方、外に出れば人間社会より大きな自然環境がある。自然の中では、人間がつくった法律やルールとは関係なく、さまざまなことが起きている。私たちがまず向き合うべきは、人間の外です。対峙すべきもの、知覚すべきものは自然です。これから教育をどう自然へ開いていくか。自然の中で、感覚・感性を含めた知覚をどう磨いていくか。ここが非常に重要です。

地球環境悪化の本質は、環境と人間の関係の貧しさにあります。風土と自分のいのちの関係性が希薄だから、風土に対する感度が鈍り、有害物質をそのまま垂れ流すようなことをやってしまう。風土と自分のいのちがつながっていることを実感していれば、そんなことはできないはずです。これを知識としてではなく、知覚や身体を通してわかるために、自然経験が大事になってくるのです。

感覚・感性が外に向かって開かれていれば、これまでお話ししてきた岡潔さんや、貝原益軒、南方熊楠、宮沢賢治の話も、どれも自分の感覚・感性を通してわかるはずです。自分の身体でこの理解があるのとないのとでは、思考や知識、行動のアウトプットがまったく変わってきます。

感覚を研ぎ澄ますためには身体が大事です。感覚をどう磨いていくか。自分の身体は、世界を知覚し受け止める一つの受容体（メディア）でもあります。だからこそ、自分の身体が生き生きしていることが知覚を磨く原点です。登山やアウトドア、ヨガでもサウナでもいいから、身体の感性を磨くことにもっと時間と意識を傾けた方がいい。

では、何からはじめればいいのか。私は、衣食住から見つめ直すことだと考えています。衣食住が人間の原点です。まずは、この生きる原点を、自分で取り戻すことからはじめてみる。すべてを人任せにせず、当事者になる。まず、どれでもいいので一つは自分でやってみる。やってみて、自分で続けたいと思ったらやり続けてみる。衣食住、人間の生きる原点をすべて人任せにしてしまうと、生きる意味や、生きるわくわく感が、どんどん減っていってしまいます。

たとえば食べ物を自分で育てたり、自分で獣や魚をさばいたり、料理したり……。ぬか床や味噌《みそ》のような発酵食品をつくってみたり。もしくは、犬や猫など人間以外の生きものと暮らしたり、音楽を奏でたり、歌ったりすることも、すごくいいと思います。こうした人間の原点とも言える基本的な営みを積み重ねていけば、感覚、感性が研ぎ澄まされる。みんながあたりまえに思っていることが、実は何よりもかけがえのない行為であると気づく。ここに知覚を磨くヒントがあります。

同じ方を見て、ともに学ぶ姿勢

以前、「カキと森と長靴と」というＮＨＫのドキュメンタリー番組が放送されました。気仙沼で牡蠣の養殖をしている畠山重篤さんの取り組みを紹介したものです。その中で、畠山さんがお孫さんと一緒に森に入っていくシーンがありました。二人の自然への向き合い方が美しく、印象に残りました。

二人は森に入って川で魚を捕るために、一緒に川を見ているんです。別の場面では、牡蠣の養殖をしているイカダの下に魚が寄ってくるので、イカダの上から魚が釣れるかなと一緒に覗《のぞ》き込んでいる。教室での向き合い方と自然での向き合い方には、大きな違いがあります。自然での向き合い方は、人と人が対峙するのではなく、自然に対して一緒に並んでいるのです。魚が釣れたときも、教えるというよりも一緒によろこんでいる。ここに学びの原点があると思いました。

学校の教室では、基本、教師と生徒が、一対多で対峙していますよね。でも、畠山さんとお孫さんは、自然に対して一緒に向き合い、互いに感じたことやよろこびを共有し合っている。向き合い方がまったく違います。

また、自然の中では、「教師」は人間ではなく自然です。自然や環境の変化の中から感じ取り、自分を合わせていく。

そして、自分のいのちが祝福されている実感が得られることも、自然経験の大事な点です。役に立つかどうかではなく、存在として自分はここにいていいのだという実感が自然経験を通して得られる。生まれてきたことに感謝し、二度とない人生の奇跡性を感じる瞬間が、自然経験の中にはたくさんあります。こうしたいのちの原初的な感覚は、生きることを尊いものにしてくれます。

真に知性的な行動とは、こうした身体性に裏打ちされた感性から生まれると思います。それを育む場所として最適なのが自然であり、自然経験こそが最上の教育であると、私は信じています。

参考文献
岡潔『数学する人生』(森田真生編/新潮文庫)
安宅和人「知性の核心は知覚にある」(『ハーバード・ビジネス・レビュー』二〇一七年五月号所収)

2 中村桂子との対話

「へんてこ」「無駄」「弱さ」があるから生きていける

水の道と風の道

春山　以前から中村先生のご著書を拝読しておりまして、直接お話をお伺いできるのを楽しみにしていました。
　先生が淹れてくださったコーヒー、とてもおいしいです。

中村　湧き水を使っているからかもしれませんね。この家は国分寺崖線といって、東京の中でも一番、緑がしっかり残っているところにあります。国分寺崖線は多摩川が一〇万年以上もの時間をかけて武蔵野台地を刻んでつくられた段丘で、湧き水が出る場所もあちこちにあって、古墳時代から人が暮らしていたようです。

中村桂子（なかむらけいこ）
一九三六年東京都生まれ。生命誌研究者。「生きものとしての人間」が生き生き暮らす社会づくりを求めて生命誌研究館を創設。現在、同館名誉館長。東京大学理学部卒業。早稲田大学人間科学部教授などを歴任。著書に、『自己創出する生命　普遍と個の物語』『生命誌とは何か』『科学者が人間であること』などがある。

春山　このあたりではみなさん、湧き水を利用されているのですか。

中村　いいえ。うちは非常用に井戸をつくったものですから。以前はもっと水量があったけれど、減ってきています。

春山　そうなんですね。レンガの階段や舗道がいい風合いで、木々もあれば野草もあって、素敵なお庭ですね。今は冬で姿は見えないですが、きっといろいろな生きものも住んでいますよね。

中村　春になれば、チョウもアリもトンボもカエルも出てきます。トカゲなどもたくさんいますよ。

春山　やっぱり。

中村　この家に住みはじめたのは三〇年ほど前ですが、建ってから六〇年くらい経っています。イタリアと貿易をしていらした方が建てられたと聞いています。だから、庭のレンガもイタリアのもので、イタリアン・ガーデンです。内装は変えましたが、あとは当時のままにしています。

春山　雰囲気のあるいいお住まいですね。

中村　私がこの家を求める気になったのは、ここから富士山が見えるからなのです。世田谷の成城で毎日富士山が眺められるなんて、近くに暮らしながら知りませんでした。

春山　住宅街ですからね。

中村　結婚してまず、神奈川県の鵠沼で暮らしこどもたちを育てました。鵠沼は海辺の街で、松林の中の夫の両親の庭に小さな家を建てにぎやかに暮らしていたのです。こどもが高校生になる頃、東京に移ることにして、鵠沼と小田急線でつながっている成城を選びました。駅の近くに、たまたま私の友人が設計したマンションがあったのです。

春山　すごい偶然ですね。

中村　しかも、一つだけ部屋が空いていて。友人が、「僕のつくった中で一番自信ある」と言うだけあって、暮らしやすかったです。

我が家は一階でしたから、小さな庭はあったのですが、一〇年ほどすると地面が恋しくなりました。でも、成城で地面を感じて暮らすのは難しいだろうなと思っていたのです。

それがある日、新聞のあいだに入っていた不動産屋さんの手書きのチラシが目に留まりました。普段でしたら、新聞のチラシを見ることはほとんどないのですが、そのときだけ、なぜか気になったのですね。今はもうなくなってしまいましたが、おじさんが一人でやっている地元の小さな不動産屋さんのチラシでした。そこに「これならなんとかなりそう」というお値段の家が載っていたのです。「どんな家か、とにかく見てみよう」と思い、自転車を走らせました。そうしたら、着いた途端に富士山が見えて、「あ、ここだ!」と思いました。私が住んでいたところとは駅を挟んでいましたので、普段は行ったことがなく、そのとき初めて「成城から富士山が見える」ことを知りました。

春山　巡り合わせですね。

中村　はい。でも、国分寺崖線の崖の斜面にある場所だから地震が心配になりました。ところが地震の専門家が、「古墳時代に人が住んでいたところだから大丈夫」とおっしゃったのです。

実は、今もここは古墳時代とのつながりを感じています。二軒先の所有者が亡くなられた後に、マンションが建ちました。工事のときに古墳時代の横穴が出てきたのです。奥に線刻壁画があり、見に行きましたら専門家が、男がこれから戦《いくさ》に行くための支度をしていて、傍らで女の人が泣いている絵だと教えてくださいました。今は世田谷区の郷土資料館に保存されています。

寝室の壁をとんとんと叩《たた》くと、明らかに空洞なので、ここも横穴があるのだと思います。古墳時代の人が埋葬されていたかもしれないところで暮らしていることになります。

春山　まさに、先生がおっしゃる「生命誌」を生きていらっしゃるわけですね。

中村　そういうことを感じながら生きることは大事ですよね。

自然もそうです。国分寺崖線も開発が進み、私がここに住みはじめてから三〇年ほどの間に、明らかに緑の質が落ちたと感じます。全体が悪くなると部分に影響が出ますから一人ひとりが自然全体を考えることが求められると思うのです。

たとえば、このところ、うちの庭の木が伸び過ぎる感じがして、造園技師で環境再生医の矢野智徳さんに見ていただいたら、「水の道と風の道が切れてしまっている」と言われました。そして、新しく風と水の道をつくってくださいました。

春山　どういうふうにつくられたのですか。

中村　木を揺すると枝の先端が揺れるでしょう。そこが風で揺れるところで、その部分から枝が伸び、それに対応して根も伸びていくそうです。その揺れるところで伸び過ぎの枝を切っていくのです。あとは地面のあちこちに穴を開けて炭を入れ小さな枝を挿しておく。そういうことを、矢野さんのお仕事を勉強したいという若い方たち二〇人くらいと一緒に学んだのです。朝の九時から夕方の五時まで作業してくださいました。口ではうまく言えませんが、確実に空気が変わりましたね。水の道、風の道は本当に大事ですね。

春山　人間が適度に手を入れることで、自然が豊かになるということですね。

中村　そうです。でもこれはまだはじまりで、これから一年くらいかけて、新しくつくっていただいた風と水の道がどうなっていくか、楽しみです。

効率と競争の弊害

春山　私は今、ＹＡＭＡＰという、登山・アウトドアの事業をやっています。起業のきっかけは二〇一一年の東日本大震災とそれに伴う原発事故でした。

３・１１で露《あら》わになったのは、先生がご著書などでおっしゃっている「人間も自然の一部である」という大前提を私たちが忘れてしまったことだと思います。これは日本社会の最大の課題だと私は考えているのですが、今、**多くの日本人は身体を使っていない、言い換えれば、土からすごく離れた生活をしてしまっています**よね。「風景・風土は自分のいのちそのものである」という身体感覚が鈍くなっていると思います。だから食やエネルギーという生きていく上で最も大切なことを他人任せにしてあまり深く考えずにきてしまった。そのツケが全部、あの原発事故という形で現われたのではないかと思います。

そこでもう一度、人間と風土を結びつけるようなことをしたいと考えました。ただ、農業をした方がいいとか漁業をした方がいいとか、そういう「べき論」では人間の気持ちは動かない。なので、「楽しい」とか「わくわくする」とか、そういうポジティブな回路で都市と自然をつなぐことができたらおもしろいのではないかと思いました。ＹＡＭＡＰをはじめたのは、山を歩くことや、自然の中で時間を過ごすキャンプやアウトドアには、現代において大きな可能性と社会的意義があると考えたからです。現代人にとってスマートフォンが世界とつながる窓口になっています。スマホのアプリを媒介に、登山やアウトドアを経験したことがない人にも、その楽しさを伝えたいと思いました。起業して今年（二〇二三年）で、一〇年になります。

中村　その一〇年間で社会に変化はあったとお思いですか。

春山　むしろ悪くなってきているのではないかと思います。

中村　私もそう思います。ここのところ急速に悪くなっていますね。

春山　はい。そのことについて、先生はどのようにお考えですか。

中村　おっしゃるように、3・11はどなたもショックだったと思います。私も本当に衝撃を受けました。そのときの気持ちを素直に書いたのが『科学者が人間であること』（岩波新書）です。あとにかく生きものである人間という原点から考え直さなければいけないと思ったのです。あのとき、原子力発電所の事故について「想定外」という言葉が使われましたが、そもそも自然は想定などできない、もっと大きなもので、人間が制御できるようなものではありません。そのことを痛感しました。

春山　前章で対談させていただいた養老孟司先生が、今の社会は「ああすれば、こうなる」の脳化社会になっているとおっしゃっていますが、自然は「ああしても、こうならない」ことがたくさんあります。

中村 その通りです。春山さんがおっしゃるように、私たちはそのことを忘れてしまっていますね。3・11は、この日本列島に暮らす者としてどうやって自然に向き合っていくか、生き方そのものを考えさせる出来事だったと思います。なぜあの原発事故が起きたかを考えると、もともとあった崖を削って、低いところに原発をつくったからでしょう。それは効率を求めたからですよね。

春山 そうですね、人間の効率のために。

中村 効率は必要ですが、短期間でお金儲けにつながることだけを効率のよさと考え、それが第一だという社会になっていたところが問題ですよね。社会を悪くしているのは、新自由主義、金融資本主義だと思っています。とにかく「競争しろ」でしょう。**すべてを自己責任にして、「競争させれば、よい社会ができる」と。人間は生きものという視点からはこの考え方が間違いだということは明らか**です。でも、この考えは3・11の後も消えずにあって、ますますその影響が大きくなってしまっていますね。

春山 おっしゃる通りです。

中村 私の辞書になぜか「競争」という言葉はないのです。スポーツが大好きで、そこには勝ち負けがあります。若い方が一生懸命努力して一番になったら、「わぁ、素晴らしい！」と思います。それは、努力の成果が出せて達成感を抱いただろうということであって、誰かに勝ったことが問題なのではありません。大リーグの大谷翔平選手にそれを感じます。

それから、観ていて楽しいのはラグビーですね。勝敗があっても、「試合が終わったらノーサイド」という考え方に共感します。

春山 あれは素晴らしい考え方であり、姿勢ですよね。

中村 私は下手なテニスを楽しみますけれども、プレーしているとき一番楽しいのは、めったにできないボレーを決めたり、センターを抜いたり、普段あまりできないことができたときです。そうして上手にできれば勝つので、ペアを組んだ方とよろこび合えて嬉しいです。

テニスの試合が終わった後、飲みに行った席で、「あのとき、ああしたから負けたんだ」と、勝ち負けや点数にこだわる方が必ずいらっしゃるけれども、私はもうそのときには勝ったか負けたか忘れています。なぜか私の中に競争という気持ちがないのです。

これは、私が**親から「これをしては駄目」「○○をしなさい」と言われたことがなかった**ということが関係しているかもしれません。

世の中には、「女の子だから駄目だ」と親に言われたことで奮起し、立派なお仕事をされている方も大勢いて、それはそれで素晴らしいと思います。でも、私は「女の子だから」と言われたことも、何かをやりたいと言って反対されたことも、一度もありません。「誰ちゃんはこうだけど、あなたは……」などと比較されたこともないですし、年が離れていたせいもあったと思いますが、五人きょうだいの中で比べられたこともなかったですね。そういう環境にいたら、競争という感覚は出てこないのではないかしら。

春山 先生のお父様、お母様は、どんな方だったのですか。

中村 普通の人です。戦争の時代ですからいろいろ苦労したようですが、父は陶器会社でセラミックスに関わる仕事をしていました。海軍の人たちと一緒に仕事をしていたと言っていましたね。

もっと聞いておけばよかったのですが、戦争も終わりの方になると金属が不足してきましたから、代わりにセラミックスで何かできないかということになったのでしょう。そのためか、父は戦争には行っていません。

私たちきょうだいはとてもよい育てられ方をしたと思います。父は新しいものが好きな人で、スキーをしたり、乗馬をしたり……戦争が終わったらすぐ「自動車に乗りたい」と言って、まだあまり自動車が普及していなかった時代に、オペルという中古のドイツ車を買っていました。

敗戦の頃は洋服を売っていませんから、母がミシンで私たちの洋服を全部つくってくれていたのですが、父はそれを見て、おもしろそうに見えたのでしょう、「僕もミシンで何か縫ってみたい」と母に頼み、「雑巾ぐらいなら」と言われて、自分で縫っていました。

春山 好奇心旺盛な方ですね。

中村 父がそんな感じでしたから、兄も含めて家族みんなでミシンを使ってみたりしてね。父や兄の方が私より上手にミシンを使うんですよ。私が兄より唯一上手にできたのは編み物だけで、たいていは兄の方が上手でした。

父親に権威があって、それに母親が従順に従っているのではなく、同じ人間として対等につきあっている感じでした。だから、男女の差別みたいなものも、ほとんど感じませんでした。私にとってはそれがあたりまえでしたが、後でいろいろなお友だちと話すと、どうもうちは少し変わっていたのかなと思います。

伝えたい四つのこと

中村 そうした家で育ったので、新自由主義には違和感があります。**新自由主義では、一つの価値観を決めてその中で競争させ、一番、二番、三番を決めますね。でもそれは無意味**だと思います。自然や生きものたちの世界は、大きいとか強いとか、そのような単純な物差しで測れるものではありません。たとえば、「アリとライオンのどちらが上か」などと比べても意味はありませんね。アリはアリで素晴らしい、ライオンはライオンで素晴らしいのですから。

春山 新自由主義では、そういう発想になりませんね。

中村 生きものを見ていて思うのは、ライオンもいればアリもいて、タンポポも咲いているし、バラも咲いている。たくさんの生きものがいて、それぞれ特徴があるけれど、トータルで見ると生きものは全部同じ、ということです。

春山 それが、先生のおっしゃる「生命誌」の考え方であり、絵であらわしたのが「生命誌絵巻」ですね。生命誌絵巻の

生命誌絵巻（協力／団まりな　画／橋本律子）

扇の要にすべての生物の祖先となる原始細胞があって、そこからさまざまな生きものたちが生まれ、現在に至るという。

中村　この生命誌絵巻は、生きものたちが生きてきた四〇億年の時間と関係とを表現するもので、生命誌では地球上に存在する生きものすべてをフラットに考えます。フラットでオープンが生きものの世界の基本です。

人間も生きものなのですから、トータルでは誰もが同じなのではないでしょうか。たとえば、駆けっこが遅くても絵が上手だったり、何かができなくても他のことでよいところがあったら、それでいいのではないかと思います。それを**一つの物差しだけで測る社会をつくってしまったから、生きものとしての人間の能力や価値、楽しさというものがどんどん消されていって、とても生きにくくなっています。**

今のこどもたちの育て方も、競争させて、「とにかく、一番になりなさい」という教育がほとんどですけれど、こどもはのびのびとしているのが望ましい状態でしょう。

春山　共感します。

中村　新自由主義は、「人間は生きものである」という考え方と対極にあります。これをやめない限り、よい社会にはならないでしょう。特に金融資本主義と新自由主義、この二つの組合せは、「継続性」「過程」「歴史」「関係」「多様性」「進化」を特徴とする生きものには合わないですね。「利便性」「効率」「構造」「機能」「均一」「進歩」を特徴とする「機械論」ですから。

春山　そうですね。その二つは人間中心的であり、都市的発想でもあると思っています。

中村　でもね、人間中心主義とおっしゃるけど、その人間って何かしら？

春山　たぶん、その場合の人間というのは、先ほどおっしゃった効率優先の生き方をしている人間のことだと思います。

中村　私は、それは人間ではないと思っています。新自由主義的な考えの方も、「人間」という言葉を使っていらっしゃるけれど、私に言わせれば、それは人間ではなく、「人間と名づけた機械」です。

人間は生きものであるということ、これが私の原点です。ほとんどすべてのことをこれで考えています。身体に染み付いている考え方ですね。生命誌絵巻には、いろいろな思いを込めていますが、四つだけ、どなたにも申し上げていることがあります。

一つは、生きものはとても多様だということです。いろいろなものがいるということで、これはこどもだってわかりますね。動物、鳥、魚、昆虫、それから植物もいれば、目に見えないバクテリアもいる。数千万種類もの生きものが地球上には存在しています。

そんなふうに生きものは非常に多様なのに、すべてに共通性がある。それが二つ目です。これは、現代生物学の成果として、一番大事なことです。すべての生きものは細胞でできていて、その中には必ずＤＮＡがある。それがそれぞれの生きもののゲノムとして生きることを支えているということです。なぜ共通かというと、先ほど春山さんがおっしゃってくださったように、すべての生きものが四〇億年くらい前に海にいた細胞を祖先とするからです。昔は「バクテリアは単細胞でたいしたことない」とか「昆虫は虫ケラだ」などと言って、一番上に人間がいると、生きものに序列をつけていたでしょう。でも、今の生物学には下等生物、高等生物という言葉はありません。なぜなら、生きものはどれも四〇億年の時間を持っていて、その意味ではタンポポもアリも人間もみんな、同じ位置にいます。生命誌絵巻で見れば、扇の要から天までの距離はどこも等しく、それぞれがそれぞれらしく生きているからです。いのちの重みにはいろいろな意味がありますが、四〇億年という時間の重みもかなり大事な重みでしょう。そうすると、アリ一匹だって、いいかげんに潰してはいけないということになります。それが三つ目ですね。

四つ目が現代社会にとって一番大事なことで、それは、人間は生命誌絵巻の中に他の生きものと一緒にいるということです。

春山　ピラミッドの頂点に人間がいるのではなく、生命誌絵巻の扇形の中で今、地球上に生きているすべての生きものと同じところにいる、ということですね。先生のおっしゃることは、曼荼羅的な感じがします。『科学者が人間であること』の中でも、生きるとはつながっている、関わっている状態とおっしゃっているのは、この生命誌絵巻が念頭にあるからですね。私はこの絵が大好きなんです。

中村 ありがとうございます。人間も生命誌絵巻の中で生きているわけです。個を大切にすることはいいけれど、ともすれば「私が、私が」となってしまいます。でも、**「私」は一人でいることはあり得なくて、いつだって「私たち生きもの」の中にいる**のです。はじまりは「私」ではなく、「私たち生きもの」なんですね。

それを無視して「人間のために」と言っても、他の生きものと一緒にいる人間を考えなければ、本当の意味で人間のためにはなりません。でも、現代の人々は、この生命誌絵巻から外れて、人間は扇の外に出たところの上にいると思っている。「上から目線」です。それは本来の人間ではありません。人間は生命誌絵巻の中にいるのです。生きものたちに対して「中から目線」であるのが、これからの人間の生き方です。

SDGsの「上から目線」

中村 今、気になるのはSDGsのことです。二〇一五年に行われた国連の会議で「持続可能で多様性と包摂性のある社会の実現」を目指して、二〇三〇年までに達成すべき一七のゴールが定められました。ＳＤＧｓが目指すゴールは大事ですし、それに向かってみんなが一生懸命努力することも、重要なことです。否定することは全くありません。でも、ＳＤＧｓには「誰一人取り残さない」という言葉があるでしょう。私はこれが好きではありません。まるで神様がおっしゃっているみたい。これも「上から目線」ですよね。

春山　人間がすべての生きものの頂点にいるという考え方がベースにあるように感じます。

中村　でも、人間は生きものなんですから、本来は、「他の生きものも一緒に、みんなで生きましょうね」ということでしょう。人間について考えるときも、「みんなで生きましょう」です。宮沢賢治が「みんなのしあわせがなければ自分のしあわせもない」と言っていますが、その感覚です。

今、ＳＤＧｓというスローガンの下で、企業も国も動きはじめたのはチャンスですし、この動きをうまく活かしていかなければいけないと思います。特にゴールの一三番目、気候変動の問題については、温暖化の原因となっている、石炭や石油を燃やして出る二酸化炭素を減らそうということになって、世界中の国や企業が「脱炭素」の取り組みをはじめています。日本政府も、二〇五〇年には温室効果ガスの排出を全体としてゼロにする、カーボンニュートラルを目指すと宣言しました。

でも、「脱炭素」というのはおかしな言葉ですね。そもそも、私たち生きものはすべて炭素化合物でできています。DNAもたんぱく質も糖も脂肪も、全部炭素の化合物で、それが身体の中で筋肉や脂肪として働き、私たちの身体を動かすエネルギーの素にもなります。私たちが生きることは、炭素の循環の中にあるのです。脱炭素と言われると私はいてはいけないことになる感じがして居心地が悪いのです。二酸化炭素という炭素化合物の中でも特殊な物質です。他の化合物にするには今のところ植物の力を借りる以外にない物質を無制限に排出する社会を変える必要があるので、「二酸化炭素排出抑制」は大事です。

こうした言葉遣い一つとっても、環境に関心があるように見えながら、実のところは自然と向き合っていないことに気づかされます。むしろ、自然を征服しよう、新しい技術で何でも解決しようとしているように思えます。ここを変えないといけませんね。

今のままのSDGsでは、成功は難しいでしょう。たぶん、やっている方たちが実践していくうちに、「これではうまくいかない」と気づいていくのではないかしら。

春山　SDGsという指標は、ないよりはあった方がいいと思います。でも、中村先生の『生《な》る宮沢賢治で生命誌を読む』（藤原書店）の中で、「神話では人間を特別視しない」と書かれているように、本当に必要なのは、自分たちが生命誌という物語、神話の中で生きているのだ、とイメージすることではないかと思います。目に見えないつながりが見えてくると、競争したりしないし、存在すること自体によろこびを感じられる。

中村　そうそう。「私たち生きものの中の私」からはじめると、自分がとてもおおらかになれるんです。**「みんな同じよね、アリも仲間よね」と思っていると、何が嫌だとか、あいつがどうしたとか、お金がどうとか、そういうことがあまり気にならなくなります。**「のんびり暮らすのもいいいな」みたいにね。

春山　確かに、そう考えるとおおらかになれますね。

中村　もし、「人間は生きもの」という感覚を持てるようになったら、プーチンさんも、ウクライナを攻めないのではないかしら。あんな戦争を続けていたら、ロシアやウクライナだけの問題ではなくて、社会全体がおかしくなって滅びるしかありません。地球上に暮らしている八〇億の人たちは、「私たち生きもの」の中のホモ・サピエンスという一種の生きものです。しかもホモ・サピエンスは強い共感力を持ち助け合う性質を持つことが明らかになってきました。**生きものの中の一つとしての仲間意識を第一に持てば、そこに本来殺し合いはない**のです。現代社会は、国や文化の違いや、一人ひとりの個性を重視しますが、誰もが祖先を同じくする仲間であり、「自然の一部として生きている生きもの」であるというところからはじめれば、違いを認めながら仲間同士、わかり合えないはずはありません。みなさんが「人間は生きものである」という考え方を共有してくださったら、もっと暮らしやすい社会になると思っています。

春山　同感です。気候変動の問題も、経済がどうこうという小手先で対処できるほど甘くない時代に入っていると思います。つまり、気候の変化に合わせて暮らし方を変えていかなければなりません。そのとき大事になるのが自然観、もっと言うと生命観だと私は考えています。その意味でも、生命誌の考えを基にした社会につくり直さないといけないですね。

中村　私はそう思って仕事をしています。

生命誌の研究をはじめてから、どんなことに対しても考え方の切り口が見えるようになりました。自分がやりたいことを考えるとき、その切り口が見える。それが正しいとか、ベストであるとかは申しません。生きものを見ていると正しいとは何かわからなくなりますし。でも私としては、この切り口でいけばいいと思える。もやもやすることがなくなって、日常が安定しました。これは幸せだと思っています。

ちょっと生意気を言うと、昔から言われている生命論では物足りないと思っていて、科学によって解明された生きものの世界を意識する生命誌論で世界観をつくりたいと思ってきました。機械論で動いてしまっている今の社会を変えたいのです。それしかこの社会を変える道はないのではないかと思いますし、これが私の願いです。ただ、自然から離れてしまった今の社会では、「人間は生きものである」というあたりまえのこともなかなか伝わらないので、悩みますが……。

でも、きっと社会は変わっていくことになるでしょう。それを担うのは、バイデンさん、プーチンさん、習近平さん、岸田さんたちのような国の指導者ではなくて、「人間は生きものであり、自然の一部である」ということに気づいている市井《しせい》の人たちです。だから、春山さんや私はもちろん、そのことに気づいている人たちが、少しずつ、地道にやっていくことが大事なのではないでしょうか。

春山　SDGsを推進している人たちの世界観を変えていくということですね。

中村　そこが変われば、世の中が変わると思います。

春山　そうですね。自然経験や旅を通して、広く大きい世界の中で自分が生きているという感覚を取り戻していく。

中村　そう、やることはたくさんありますね。

都会のこどもと自然体験

春山　私は二〇歳の頃から登山をするようになりました。山に行くと自分のいのちが外に開かれていく感じがするんです。目に入る景色、森や花のような周りの自然が全部自分とつながって、皮膚一枚を隔てて一体化する感覚になります。広大な自然とのつながりの中で、今、この世界を生きている自分に気づかせてくれる。この感覚は山に登らないとなかなかわからないかもしれません。

登山はYAMAPで働く社員たちにとっても欠かせないものになっています。私自身は福岡を拠点に活動していますが、YAMAPの拠点は福岡と東京にあります。一〇〇人ほどいる社員はそれぞれ自分の好きなところに住みながら、リモートで働いています。月に何回かはリアルで会って、みんなで時々登山に行くんです。ちなみに、先生は登山をされますか？

中村 今はもうしませんが、大学院生の頃は、お友だちに誘われて山に行きました。仲間たちと三、四日かけて。尾瀬に行ったり、南アルプス縦走みたいなこともしたりして、登りはじめは「どうしてこんなところ来ちゃったのかな」と、もう泣きそうになっていました。

春山 だいたいみなさんそうおっしゃいますね（笑）。

中村 仲間はみんな先に行ってしまうし、帰るに帰れないから、ついていくしかない（笑）。

春山 そうですね、最初の二、三時間は身体の中にいわば灰汁《あく》がたまっている感じなので、すごくキツいんですよ。それを越えると、だんだん楽しくなってきます。

中村 山に登ると、こんなにお星様ってあるのというくらい、たくさんのお星様が見えていいものですね。

春山　落ちてくるのではないかというくらい、すごい量の星ですよね。こうした星空も、こどものときに見せてあげたいという気持ちがあります。

中村　東京で見る星と全然違いますね。

　でも、**自然と触れ合うには広大な自然のあるところに行かなければならないわけではない**と思っています。ビルだらけの東京にも自然はあります。それを「自然がない」というのは、そこにある自然が見えていないだけなのではないでしょうか。

春山　先生は東京・四谷のお生まれですね。四谷というと、今はすごく都会ですが、先生がこどもの頃はどんなところだったのですか。

中村　今のようにビルがたくさんあるわけではなくて、ごく普通の住宅街でした。私たちの遊び場は、迎賓館や神宮外苑、それから赤坂見附のホテルニューオータニのあたりの原っぱでした。今もニューオータニの端のあたりに大きな松があるのですが、この前、こどもの頃に一緒に遊んでいた友だちが、「僕がつけた傷跡はまだ残っているはずだ」と言っていました。

春山　東京も普段意識しないだけで、自然はあります。

中村　**たとえ都会の真ん中でも、小さい子にとっては、自然はいくらでもある。**こどもと一緒に街を歩いていると、必ずダンゴムシを見つけるでしょう。あれ不思議ですね。大人はなかなか見つけられません。こどもは、道端にいるダンゴムシやその辺に生えている雑草のような小さな自然があれば、それで十分なのだと思います。だって、大人になってからこどもの頃に遊んでいた公園に行くと、あれ、こんなに小さかった?と思いませんか。

春山 え、ここ?という(笑)。

中村 そう。こどもの目線では、もっと大きく感じていたのね。つまり、自然を体験するのに都会だから駄目ということはないと思います。ただ東京はあまりに人工的にし過ぎてしまい高層マンションはこどもを育てる場所とは思いませんけれど。

科学の一番の問題点

中村 先ほど、世界観を変えないといけないという話をしましたが、世界観とは何かということについては、哲学者の大森荘蔵先生がおっしゃっている定義が、本当にその通りだと思います。先生の講義をまとめた『知の構築とその呪縛』(『大森荘蔵著作集』第七巻 岩波書店)の中で、世界観とは「自然をどう見るか、人間生活をどう見るか、そしてどう生活し行動するかのワンセット」であり、「そこには宗教、道徳、政治、商売、性、教育、司法、儀式、習俗、スポーツ、と人間生活のあらゆる面」が含まれていると書かれています。こういう「全生活的世界観に根本的な変革をもたらした」のが近代科学であり、それによって私たちの世界観、「特に人間観と自然観がガラリと変わり」ました。「近代的世界観」とはつまり、先ほど申し上げた機械論的世界観です。「近代的世界観」に支えられた今の社会は、「人間は生きものであり、自然の一部である」ということとは離れたものになってしまっています。でも、だからといって科学そのものを否定する気にはなりません。私は、『モモ』や『はてしない物語』（ともに岩波書店）を書いたミヒャエル・エンデが好きですが、彼がそういう「冷たい科学」だけに目を向けて敵とみなし、ほぼ全面的に否定しているところは、「ちょっと待って」と思うのです。自然を理解しようとする努力としての科学の営みには、やはり意味があるわけですから。

春山　はい。

中村　大森先生は、このことについても示唆を与えてくださいました。先生は物理学の大天才と言われていたのに、哲学に転向なさった方です。大森先生は科学のことを考える哲学をご自身でおつくりになりました。私が本当に大森先生を尊敬しているのは、「哲学とは日常をきちんと考えることだ」とおっしゃったところです。これは本当に素晴らしいと思います。

しかも科学をやっていらしたから、先生は科学の問題についても意識していらした。よく、

「科学の一番の問題点は、何でも数字にしてしまうところだ、量にしてしまうところだ」と言われますが、先生は**「科学の一番の問題は死物化すること、ものを死物として分析していることだ」**とおっしゃいました。ものはすべて自然の中で動いています。時間を取り入れて考えなければいけないのにそれを切ってしまうので、科学は全部死物化する。生物まで死物として扱っているというわけです。そうすると、科学を否定したくなってしまうでしょう。私は科学が大好きですから、死物化する科学はやりたくないと思いながら、科学を否定したくはないと思い悩んでいました。

そこに救いをくださったのが、大森先生でした。先生は、人間が自然を見るときには「略画的」と「密画的」の二つの見方があるとおっしゃっています。たとえばバラの花があったら、私たちは、「ああ、きれいだね」「とげがあるね」「いい匂い」などと「略画」で見ます。一方、科学はバラを可能な限り最小の単位にまで還元して分析し、遺伝子はどこにあるかとか、とにかく精密に見ようとするわけです。先生は、どちらがいい悪いではなくて、日常というのは略画と密画を重ね描きすることだよ、と。

春山　含蓄のあるお言葉ですね。

中村　でしょう？　こんな名言はないと思います。科学をやるときに略画を忘れない、日常を忘れない、それで科学をやっていけばいいのだと思えたときに、生命誌の考え方が出てきたので

す。

春山　私自身も生命誌の考え方から大きな影響を受けました。私は、宮沢賢治が好きでよく読んでいたのですが、賢治の童話を生命誌の視点から読んでみると、さまざまな発見があります。生命誌は、私にとっても考え方の指針になっています。

中村　そう言っていただけると嬉しいですね。賢治は大森先生がおっしゃる「重ね描き」の達人だと思います。賢治は人生の中で飢饉《ききん》や地震、津波といった自然災害を体験していて、そうしたものから免れるために科学が役立つはずだと考えながらも、自然の圧倒的な大きさや怖さ、手強さもよく知っていた人でした。そんな賢治の自然への向き合い方は、まさに私が生命誌で問うている、複雑で、まだ答えが出ない問いと重なります。生命誌を考えていると、ふと賢治の言葉が思い浮かぶことがあります。特に童話には「そう、そうなんですよ」と思わず叫びたくなるようなものの見方や言葉があふれているんですね。先ほど挙げてくださった『生きる宮沢賢治で生命誌を読む』は、そのように賢治の童話を読みながら巡らせてきた考えをまとめたものです。賢治に「これでいいですか」と尋ねることはできないので、本当にこういうふうに読んでいいのかはわかりませんけれどね。

でも以前、『まど・みちおの詩で生命誌をよむ』という本の場合は、まどさんにお尋ねすることができました。ご存じだと思いますが、まどさんは「ぞうさん」や「一ねんせいになったら」の詩を書いた方ね。

春山　僕もまど・みちおさんが大好きで、家の玄関の入ったところに、まどさんが池の波紋を見て驚かれている写真を飾っています。

中村　まどさんとの出会いもおもしろいのですよ。まどさんとほとんど同世代で仲良しだったのが、「サッちゃん」という童謡の詩を書いた詩人の阪田寛夫さん。お二人のあいだでいつも話題になったのが、ゴーギャンの「我々はどこから来たのか　我々は何者か　我々はどこへ行くのか」で、お二人はあの絵を眺めながら、「俺たちはどこから来たんだろうね」「どこへ行くくんだろうね」と話し合っていたそうです。

お二人で「この世の中で、こんなのんびりしたことをしゃべっているのは俺たちだけだよね」と言っていたら、あるとき、私がたまたまテレビで生命誌の話をしていたのをご覧になったそうで、番組の最初に私がゴーギャンの例の絵を出して「生命誌はこれを考えたいのです」と話すのを見て、「あ、同じのがもう一人いる」と(笑)。

春山 仲間がいた(笑)。

中村 そうして阪田さんがお手紙をくださって、お仲間に入れていただきました。だから、お二人は生命誌にとても関心を持ってくださっていたのです。

春山 先ほど先生がおっしゃった、おおらかさとか、生きていること自体がよろこびであるという感覚を開く回路の一つに、詩があるのではないかなと思っています。詩人の感性って、好奇心ではなくて「驚く」なので。

中村 そうですね。

春山 「驚く」には敬意の敬が入っていて、その驚きで世界を見る感性を持っているのが詩人だと思います。先生のご著書に「知とはつつましいもの」というお言葉もありましたが、要は**自分たちがわかっているのはほんの一部で、そうした中で私たちは生かされている。**その感覚で表現したものが詩だとすると、本来、生きものはみんな詩人なのではないかという気がします。

中村 そうですね。まどさんの詩を読むと、どこにも難しいことがなくて、普通の言葉で書かれているでしょう。だけど、ずっと自分が言いたかったこと、思っていたこと、「ああ、これだ！」みたいなことが全部書かれている。たとえば、「人間の目」という、まどさんの詩がありますね。

よちよち歩きの小さい子たちを見ると
人間の子でも
イヌの子でも
ヤギの子でも
どうしてこんなに　かわいいのか

この後「ひよこでも」「カマキリの子でも」「おたまじゃくしでも」と続いていって、そういうちいちゃな生きものや赤ちゃんを見ると、「かわいくてならなく思える目を　私たち人間はもたされている」と書かれています。そういう目を与えられているのに、「私たち、いったい何を見ているのだろう」と思うわけですよね。ずらっと並んだ株価の数字を見て、そちらの方が「赤ちゃん、かわいいな」と思う目よりも大事と考えてしまっている。

私たちは「赤ちゃん、かわいいな」と思える目を与えられているんだよということを時々でも思い出すといいのではないかと思います。まどさんの詩には、そういうところがありますね。

春山 本当にそう思います。

なぜ少子化対策でこどもは増えないのか

中村 最近、中国の人口が一四億人から八五万人減った、これで労働人口が減る、経済成長率が落ちる、大変だといって大騒ぎしていますね。でも、赤ちゃんが生まれるというのは、そういう問題ではないでしょう、と私は思います。

日本も少子化で、労働力が減って大変だから産めよ産めよと言いますね。でも、こどもが欲しいと思わない人に産ませるという考え方はおかしいですよ。

春山 変ですよね。

中村 まどさんがおっしゃったように、みんな「赤ちゃん、かわいいな」と思う目を持っているのです。でも今の社会は、その気持ちを抑え込んでしまう状態をつくっているわけでしょう。**こどもの数が減っているのは、そうなった理由があるのであって、要は産みたくない社会をつくってしまった。**

だから、お金を渡して「産みなさい」と言う今の日本の少子化対策は違う、と私は思います。同じお金を使うなら、保育士さんのお給料をちゃんと上げるとか、そういうことをやった方がいいと思います。

中国も、おそらく日本と同じような状況で、だんだん産みたくない人が出てきているからこどもが減ってきたということでしょう。人口が減ることで何らかのゆがみが出ることもあるかもしれません。でも、少子化で労働力不足の問題が出てくるから「産みなさい」というのは筋が違います。

こどもが欲しいと思えてみんなでこどもの誕生がよろこべる社会をつくり直すまでの時期をどう乗り越えていくか、その工夫こそ人間の知恵ではないでしょうか。

そもそも赤ちゃんは産むものじゃなくて、生まれるものなんです。生きものというのは、「生る（なる）」なんですよ。

春山　自発的に。

中村　以前は「恵まれる」という言葉を使いました。生まれてくるのです。でも、いつの間にか、

「こどもをつくる」と言うようになりましたね。

春山 そうですね、「授かる」から、いつの間にか「つくる」に。

中村 「こどもをつくらないの?」と言いますよね。

今の社会は人間という言葉を使っていても、人間を生きものではなく機械のように見ているから、機械をつくるのと同じように赤ちゃんをつくる、と考えている。だから「数が足りないから産め」といった少子化政策になるわけですね。自動車が今は一〇〇台しかつくれないけど、これからは一〇〇〇台つくろうというなら、つくれると思いますが、「数が足りないから産め」はないでしょう。本当にこどもがかわいくて大事だから生まれてくるのです。

やはり**大事なのは、「人間は生きものである」ということを忘れないこと**です。そうした考えを根底に置いて社会制度を設計しなければ、うまくいかないと思います。

一つの前提条件を当てはめるおかしさ

中村 先ほど、科学そのものを否定はしないという話をしましたが、人間は生きものだとわかった上で科学や技術を見れば、どう使えばいいかということは自ずと見えてくるはずです。そうなったら、やみくもに兵器をつくるようなことはしないでしょう。

春山　そうですね。実はアラスカのイヌイットの人たちも、猟をするときには最新のGPS機器を使っています。初めに見たときは驚きましたが、生きて帰ってくるために、伝統的な知恵も最新技術も分け隔てなく使って猟を営む姿には、道具への健全な向き合い方があると思いました。

私が技術やテクノロジーを考える際に、指針にしているのが中村哲さんです。

中村　中村哲さんは、「生きるために必要なのは武器でなく水と食べ物」とおっしゃっている素晴らしい方ですね。お医者さんだけれど、基本は水と気づかれてアフガニスタンで井戸や用水路をつくられたところに人間の大きさを感じます。人間の知恵とお金は爆弾を積んだドローンやミサイルの開発ではなく、中村さんがなさったようなことに使いたいですよね。二〇一九年にアフガニスタンで凶弾に倒れられたときは、本当に悲しく、悔しい気持ちになりました。

春山　哲さんは、国を癒やすという意味でも、本当のお医者さん、大医だったと思います。医師としてアフガニスタン難民の診察や僻地《へきち》の無医村での医療に尽力されていた哲さんは、大干ばつで離農し、食べていけずに難民になるアフガニスタンの人々のために、一〇〇の診療所より一本の用水路だと言って、大変な思いをして用水路をつくられました。そのとき、用水路の取水堰《しゅすいぜき》の参考にしたのが、九州の筑後川で江戸時代から使われてきた山田堰でした。戦争や干ばつで疲弊した現地には、日本と違って公共事業に費やす資金も技術もありません。でも山田堰の技術を活用すれば、コストを抑えて、地元の材料でつくることができますし、完成後もアフガニスタンの人々で持続的に維持することができる。

中村 専門外の難事業に挑戦されて、見事に成功させました。素晴らしいです。

春山 私は、この発想に人間の可能性を感じます。哲さんは、何か新しいものをつくり出したり最先端のテクノロジーを使うのではなく、自分たちの身近にある技術を見つめ直して、アフガニスタンという土地に応用されたわけですよね。これは、人間の道具の使い方や発想の原点です。道具や行き過ぎた技術をある程度手放すとか、「ここからはやめておいた方がいい」と足るを知るところに、人間の知恵の本質があるのではないでしょうか。

でも、技術が進化しはじめると、技術だけ一人歩きして、逆に人間が技術に使われる構造になってしまいます。これは科学も似ているところがあると思いますが、もう一回道具や技術の使い方を見直すこと、それから「ここまではいいけど、ここからはやめておこう」という分別が必要になってきていると思います。

中村 そうですね。「ここからはやめておこう」というと、「せっかく使えるものがあるのに、もったいない」と否定的に捉えられるかもしれません。だから、使える技術をやめておこうというのではなくて、それが必要なところで使えばいいということではないかしら。「この場所に本当に必要なものは何だろう」と考えて、必要だとなればそれを使えばいいし、そうしたら、余計なものを使わないようになると思います。

地球にはいろいろな気候がありますから、それぞれの場所で人々がそこに合った暮らし方をしてきた歴史や文化があるわけですよね。その上で、**ここではどう生きるのがいいかということを自分たちの頭で考えて、技術を使っていくことが大切**です。アフガニスタンにはアフガニスタンの生き方があるし、アメリカにはアメリカの生き方があるのだから、それぞれの場で一番いい生き方を選べばいいのです。私自身、技術でどんどん生活が便利になる時代を生きてきましたから、日常の家事を助ける技術のありがたさは感じています。けれどもそこではエネルギーを使います。エネルギーのつくり方からはじまり、それぞれの土地に合った技術を考えることが求められます。世界中どこもかしこも一律に考えてはいけませんよね。

春山 今は、自然との関わりを忘れてどこも一律に考えていますから。

中村 前提条件を同じにして考えていますよね。

その同じ条件をどこにでも当てはめて、「進んでいる」とか「遅れている」とか言いますよね。高層ビルが立ち並んでいるところが先進国で、みんながそこに向かわないといけない、そうでない国を開発途上国と言いますが、私はこの開発途上国という言葉が嫌いです。その場所に今、本当に必要なものは何かと考えたら、アフガニスタンで中村哲さんがなさったように、必ずしも最先端のものを持ってくるのではなく、昔の技術で用水路をつくったり、井戸を掘るという答えもあり得ると思います。高層ビルがあるかないかを基準にしないで、「要らないからないのだ」と思えばいいんです。

春山　宮沢賢治は「本当のさいはひ」という言葉を繰り返しましたが、あれがおそらく、日本的なSDGsであり、ウェルビーイングだという気がします。幸福感は、その土地その土地で違うので、それぞれの土地のSDGsやウェルビーイングがあった方がいい。おそらく**幸せの概念もどこに住んでいるかで違ってくると思います。それを一つの物差しで測ろうとするから、生きづらくなってしまっている**のではないでしょうか。

中村　そうですね。だからブータンの王様のように、「うちは経済ではなく幸せでいくよ」という考え方があってもいい。

春山　画一的な物差しで社会を見ていないというのは希望ですよね。

お話を伺っていて、私がアラスカのイヌイットの方々と生活をともにしたときのことを思い出しました。彼らが住んでいる村にはもちろんホテルなどはありません。「ホームステイさせてほしい、その代わり何でもします」と村の方に手紙を書いてお願いし、受け入れてもらいました。トイレ掃除や皿洗いを続けていると、村の人も「こいつ、信用できる」と思ってくださり、少しずつ生活を見せてくれるようになったんです。みんなが嫌がることをやるとか、汚いところをきれいにする掃除は、おそらく万国共通でよろこばれる。だから村に入って信頼を得たいときは、トイレ掃除をするのがよいと思っています。

中村 彼らの生活の中では、毎日猟があるというわけではないのでしょう。

春山 はい。時期が決まっています。猟の時期だとほとんどみなさん家にいないのですが、獲物が獲《と》れない時期が季節ごとにあります。そのときは家にいて、ごろごろしている感じですね。

中村 その集落には、どのくらいの人が暮らしていらっしゃるのですか。

春山 私がお世話になった村は一〇〇人くらいですね。そういう村が、極北に点々とあります。昔は遊動だったのですが、今は定住に変わっています。最近、海水が上がってきて侵食が激しくなり、移住しないといけない村が出てきています。そういうところを見ると、やはり極北の方が気候変動の影響を受けやすいと感じます。

中村 現代文明の影響はありますか。

春山 ありますね。アメリカの本土と変わらない部分もあります。イヌイットの人たちにとって、狩猟は自分たちのアイデンティティが詰まった営みです。なので猟のときは、とても生き生きして、食べ物も昔ながらの伝統食になるのですが、それ以外のときはハンバーガー、フライドポテト、ピザみたいな感じです。彼らはもともと栄養をためやすい体質ということもあって、そうした食生活のせいで肥満率も高くなっているようです。

親世代と子世代の差も、かなりあるように感じました。おばあちゃん、おじいちゃんがしゃべっているイヌイットの言葉が、孫はもうわからなくなっている。

学校の先生はほとんど白人なので、こどもたちは英語で授業を受けます。しかもキリスト教の価値観で教えるので、イヌイットである自分たちの価値観がそこで分断されてしまっている。

中村 **それぞれの場所に合った暮らしができなくなっている**ということですね。そうした意味では今、農業も一律にしようとしていますね。これは、大間違いだと思っています。たとえば自動車なら、世界中同じようにつくったものを配ってもそれで通用するかもしれませんが、自然を相手にする農業が機械を生産するように一律にいくはずがありません。アフリカでアメリカ型農業やヨーロッパ型農業をうまくやれるかといったら、そんなことはないでしょう。

春山 そうですね。土、水、空気が、その土地、土地で違いますから。

中村 農業で大事なのは、土、水、空気ですね。

今、みなさん土がとても大事だということに気がつきはじめていますね。私は八年間、ナイジェリアの熱帯農業研究所というところの理事をしていて、アフリカに年二回ほど通っていたことがあります。そのとき、一番違いを感じたのは土でした。現地の土は真っ赤な鉄分の入った粘土質で、そこでお米を一生懸命つくっているけれども、なかなか大変で、「ここに真っ黒い日本の土を持ってきてあげたい」と思いました。しかし、日本の土だけ持っていったとしても、アフリカにはアフリカの水や空気、気候がありますから、実際には無理ですが、「日本の土っていい土だな」と改めて思いました。

土地の歴史を無視してはいけない

中村　今話していて思い出しましたが、東京2020オリンピック・パラリンピック競技大会で、競技場も何もかも新しくしたでしょう。一九六四年の東京大会の意味を思い起こしながら競技場を直して使ってほしかったです。聖火台も無用にされてしまいましたが、あの聖火台をつくった下町の工場の方がずっと磨き続けてこられたと伺って胸を打たれました。鋳物ですから、放っておいたら錆《さび》がひどくなってしまう。

オリンピックという世界的な祭典に自分たちがつくった聖火台が使われたというのは、大変誇らしいことだったでしょう。だから何十年も磨き続けてこられたのだと思います。

一九六四年につくったものはそのままでは使えないでしょうけれど、今回のオリンピックは、「レガシー」（遺産）と言いながらそういう物語がほとんど語られませんでした。それだけの思いがこもったものをうまく工夫して、その上で二一世紀らしい技術を加えた聖火台をつくっていたら、どれだけ素敵だったかと思います。

春山 おっしゃる通りですね。

中村 新しい国立競技場も、建築家の槇文彦さんと伊東豊雄さんが提案されたように、練習する場所など必要なところを改善してそのまま使った方が、お金はかからないし、機能としてもよかったのではないかと思います。

盛んにレガシーと言われましたが、本当のレガシーとして一九六四年の競技場を生かして使っていたら、日本が世界に発信する大きなメッセージになっていたと思います。

今、その延長線上で、神宮外苑に高層ビルを建てようとしています。もともとは高さ制限があったのに、それを外して、日本オリンピック委員会（ＪＯＣ）が入居するビルを建てました。

明治神宮を中心にしたあのあたりには、東京という街の基本がありますね。林学者の本多静六先生が崇高な理念のもとに計画してつくられた歴史的にも非常に貴重な場所です。

春山 本多静六さんは、日比谷公園をつくるなど「日本の公園の父」と呼ばれる方です。明治神宮の森は人工林ですが、あの場所の環境に適した木々を植栽して、見事な鎮守の森になっています。明治神宮の森の造成にあたっては、全国から一〇万本もの樹木が献上されただけではなく、植林などの労働奉仕に駆けつけた人たちも大勢いたと聞きました。

中村 今、東京にはそうしたコンセプトが感じられません。その意味でも神宮外苑は非常に珍しい場だと思います。そこに高層ビルを建てたら、一〇〇年以上保たれてきた歴史が壊れてしまいます。

春山 神宮外苑に高層ビルを建てるというのは、土地を殺すことになると思います。

中村 本当におかしなことですよね。それこそ地霊というものがあるのですから、きっと怒っていますよ。

春山 同じようなことは、成田空港を見ても感じます。土地の歴史を無視して無理やり人工物をつくっても、結果うまくいかないことが多いのではないかと思います。

無駄の大切さ

春山 私が写真家として、生涯のテーマに据えているのが巡礼です。というのも、巡礼には、人間の最たる特徴のうちの二つが凝縮されているからです。

特徴の一つは、直立二足歩行で長距離を歩くことができる、ということです。これだけ長距離を歩くことができる生物は、人間だけではないかと思います。

そして、もう一つの特徴が祈りです。誰かを思うとか、自分の存在を超えて何かを思う、願うことができる生物は、人間だけではないかと思います。ですから、巡礼を追っていけば、「人間とは何か」、そして「人間を含めた風土とは何か」が見えてくるのではないかということに、二〇代の頃に気がつきました。それ以来、巡礼を生涯のテーマに決め、写真を撮っています。

中村　確かに人生は巡礼のようですね。ジョーゼフ・キャンベルの神話論もそうでしょう。

春山　はい、キャンベルは私も大好きで、彼が書いた『神話の力』(早川書房)は、私が大切にしている本の一

スペインの巡礼路「カミーノ・デ・サンティアゴ」　撮影／春山慶彦

冊です。

中村 キャンベルは世界中の神話を調べて、そこに描かれているのは人間の成長過程だという「英雄の旅（ヒーローズ・ジャーニー）」論を展開しましたね。具体的には、天命、旅のはじまり、境界線、メンター、悪魔、変容、課題完了、故郷へ帰る、という順で旅は進みます。これと同じように、巡礼で大事なのは目的地に着くことだけではなく、そこに行くまでのプロセスに意味があるわけですね。そして、生きるということはプロセスなのですから、生きることそのものが巡礼だと思います。

春山 おっしゃる通りです。

中村 でも、今の社会は結果だけを見ていて、そういうプロセスが消えてしまっていますね。

春山 そうですね。今、**遊びや無駄、余白といったものが、どんどん社会からなくなっていっています。**効率に押されて、ぼーっとしたり、何も考えない時間がなくなりつつあると思います。

中村 以前、縄文時代の狩猟採集民は、毎日必死に獲物を追いかけていたと考えられていたけれども、実際はそうではなかったことがわかってきましたよね。現在、アフリカで狩猟採集をして暮らしている人たちの調査でも、狩りをしている時間はとても短くて、週に一五時間くらい、実働時間は我々よりずっと少ないですね。おそらく古代の狩猟採集民もそのような感じで、時間がたっぷりあったことでしょう。周囲の自然から、基本的な衣食住が得られれば、それ以上に働くこともなく、あとはゆったりとみんなでおしゃべりしたり、空想の世界で遊んだりしていたのではないかと思います。

春山 そうですね。歌ったり、踊ったり。

中村 人間は生きものであると考えると、本来はそういう無駄なものが欠かせないと思います。というのは、**生きものは無駄があることで続いてきた**からです。

生きものの基本的な仕組みはとても合理的です。そうでないと動かない。でも、一方で、たくさんの無駄も抱えているのです。

たとえば、新型コロナウイルスのパンデミックで免疫ということが盛んに言われるようになりましたけれども、私たちの身体の免疫は、異物を捉える受容体を持つ免疫細胞によって支えられています。免疫研究がはじまったときは、外から異物が入ってきたら、その都度、それに対応する受容体を持つ免疫細胞を生み出すと考えられました。効率を重視するならばそう考えるのが普通ですし、合理的ですよね。

ところが実際に研究してみたら、一〇〇万種とも一億種とも言われる異物の一つひとつに対応できる免疫細胞を常に準備しておくのが免疫の仕組みだということがわかったのです。ある異物が入ってきたとき、それに対応する免疫細胞がその異物を抑えますが、待機していた他の免疫細胞は無用だから死んでしまう。このように、要るか要らないかわからないものを毎日大量につくり続けているなんて、大変な無駄ではありませんか。でも、それをやってきたからこそ、我々は免疫で守られるようになって、生き続けてこられたのです。その無駄をなくしてしまったら、おそらく人間は生きてこられなかったでしょうね。

春山 無駄に英知がある。

中村 生きものの世界は、一面だけを見てこれは無駄だからなくすという形で動いてはいません。今の社会はあまりにも効率重視になっていますが、何が無駄かと決めつけることはできません。生きものは複雑で、矛盾だらけというところが、機械との大きな違いです。

人間ほどへんてこな生きものはない

春山 人間とは何かということを突き詰めれば突き詰めるほど、それは「弱さ」だなと思います。これからの時代で大事になってくるのは、人間の弱さに立ち返ることではないでしょうか。

中村先生のご本（『生る　宮沢賢治で生命誌を読む』）の中で、「確かにそうだな」と思ったのが、二足歩行の話です。なぜ人間は二足歩行をするようになったのか。それは、森が後退してサバンナになったとき、人間は森の中では弱い動物だったから、他の強い動物たちに食料争いで負けてしまった。そのため、競争相手がいない遠くまで食べ物を採りに行かないといけなくなった。そうやって採ってきた食べ物を、今度は家族や大事な仲間たちに持ち帰らないといけない。そこで手が必要になり、二本の足で歩くようになった。人間の弱さゆえに、直立二足歩行という特徴が生まれた話は大変興味深かったです。

中村 人間の弱さが直立二足歩行につながったというのはまだ仮説ですが、かなり有力であると言われています。何しろ六〇〇万年以上も前のことですから、これからわかっていくことがたくさんあるでしょう。たとえば、今まで人間が直立二足歩行をはじめたのはアフリカだとされてきましたが、つい最近、樹上生活をしながら二足歩行している仲間の化石がヨーロッパで見つかっています。ヨーロッパで何が起きていたのかまだこれからの研究を待たなければ何もわかりません。直立二足歩行がいつどこでどうやってはじまったかについては、まだきちんとわかっているわけではないのです。

ただ私は、この「人間は弱かったから直立二足歩行になった」という説が大好きです。直立二足歩行のおかげで人類はいろいろなことができるようになりましたが、それは強かったから獲得できたわけではなく、弱かったからと考えるとおもしろいですよね。生きものというのは、調べれば調べるほどへんてこだと思います。

春山 へんてこ（笑）。

中村　生きものほど、へんてこなものはないと思いますよ。先ほども申し上げましたように、生きものは矛盾だらけですから。そもそも、全部違って全部同じというのですから。生きものを調べると、そういう変なことばかり出てきますね。

今、「地球の危機だ」とか「生きものが消えるかもしれない」などと言われていますが、生きものは人間が何かしたくらいのことでは消えないでしょう。この地球上で四〇億年続いてきたシステムがあるのですから、生きものは地球がなくなるまで続いていくと思います。

では、生きものがどうしてそんなに続いたのかと言えば、へんてこだったからです。繰り返しますが、合理的に効率よくやろうとしていたら、生きものはとうの昔に消えていたと思います。それから、**一つの価値基準で競争させて、いいものだけを残そうとしていたら、やはり消えていたでしょう。矛盾を組み込んで、「何でもあり」でやってきたからこそ、生きものは続いてきた。**これが生きものの本質だと思います。

そこでは、弱さも必要です。弱いからこそ、生きものが続いている。先ほどの仮説に従うならば、人間はたまたまその弱さゆえに二足歩行をはじめ、脳が大きくなり、いろいろなことができるようになりました。他の生きものたちにも、それぞれの弱さを生かして生きているものがいます。自分だけでは生きていけないなら、他の生きものに寄生するなど、やり方はいろいろあります。弱さは人間だけのものではなく、生きものの特徴なのです。

「人間が二足歩行という特殊なことをやったのは、どうも弱さと関係しているらしい」と考えると、楽しいですよね。弱いといろいろなことを考えて工夫しなければなりません。だからこそ新しいことをする可能性が出てくるわけで、何か人の生き方と通じる部分がありますね。

春山　弱さが新しさを生む可能性につながっている。そう考えると希望が持てますし、わくわくします。人間の弱さを起点に、社会システムを見直すことができると、もっと生きやすい世の中になるのかなという気がします。

中村　**人間は弱かったから、思いやりを持つ力や想像力が発達し、社会をつくっていった。**人間のように大きな社会をつくっている動物は他にいないけれど、その源は人間の弱さにあったと考えると、生きものとしての本来の生き方が見えてくるように思います。

私たちのふるさとはみんな同じ

春山　中村先生の世代は、戦争とその後の復興、高度経済成長とその裏腹にある公害、そしてバブル景気とその崩壊など、激動の時代を経験されていますよね。その後も東日本大震災と原発事故、新型コロナウイルスのパンデミック、そしてウクライナ戦争と、人類の縮図のような出来事が次々と起こりました。

中村 大変な時代を過ごしてきたと思いますが、ある意味では、幸せでした。中学生の頃までは社会全体が貧しかったけれども、暮らしに人間味がありました。何より「戦争は終わったし、これからは平和で、みんなで豊かな良い社会をつくっていける」という明るさが社会にありました。どんなときにどんな場所に生まれるかは自分では選べませんが、さまざまな時代や世界各地の暮らしを考えたとき、この時代の日本に生まれたことは運がよかった。本当にそう思います。

太平洋戦争を本当の意味で体験したのは私の親の世代で、戦争が終わったとき私は小学校四年生でしたから、戦場は知りません。でも、戦争が日常生活をどれだけ壊すかということは、身に沁《し》みています。空襲が激しくなってきた戦争末期、まず学童疎開で山梨県に行きました。家族と離れて、先生とこどもたちだけでこれまでとは違う土地で暮らすのですから穏やかな日常は消えます。おやつは毎日、ふかしたさつまいもの小さな一切れだけ。家に書くハガキには「おなかが空いた」とか「さびしくて家に帰りたい」などとは書けません。先生に直されるのがわかっていますから、「今日も元気です」とばかり書いていました。

やがて一家で愛知県に疎開しましたが、東京の家は空襲で全焼しました。父に山ほど写真を撮ってもらっていたのに、それもすべて燃えてしまい、こどもの頃の写真は、親類の家にあった一枚だけ。あとはまったく残っていないのです。

養老さんもそうですが、私の世代はこどものときに終戦を迎えているので、一九四五年八月一五日に昨日の大人と今日の大人ががらっと変わるということを経験しました。一八〇度変わりましたね。

養老さんが「だから大人を信用しない」とおっしゃる気持ちはよくわかります。「社会としておかしい」とは、私も思いました。ただ幸い私の場合、先生や両親など周囲の大人がよい対応をしてくれたので人間不信にはなりませんでした。

春山 独特の体験ですね。

中村 そんなふうに、**社会とはとんでもないものだという体験をしているからでしょうか。「社会で大きな声で言われていることについていくことはせず、今大事なことは何かを自分で考える」という生き方になりました。**私の場合、批判よりも自分の納得することをするという前向きの考えになれるのは身近に信用できる人がいてくれたからだと思います。

「何が嫌いか」と聞かれたら、権力ですね。権力におもねって生きることだけは一生しないでしょう。

終戦後、私も、昨日まで使っていた教科書に墨を塗らされました。ついこの前まで「大事にしなさい」と言われていた教科書に、ほとんど真っ黒になるまで墨を塗るなんて、「いったいなんだろう」と思ったけれど、塗っているうちに、逆におもしろくなったりして(笑)。

今になって考えてみると、小学校の先生も、そんなふうにガラリと変わって、お困りになったでしょうね。そういう状況に先生方がどう対応したかは、クラスによって違いました。私の担任の先生はとてもいい先生でした。たとえば、教科書に墨を塗るとき、せっかく墨をすったのだから、お習字をやろう、俳句もつくろうとおっしゃってくださって。お習字は、心が落ち着きますよね。それから、俳句というのは五七五ですから、こどもでもつくれる。私は、「花生けに　菊と一緒に　風車」。先生の机に花瓶が置いてあって、そこに菊と一緒に誰かが風車を入れていたから。本当にただ見たまま、五七五にしただけですけれど。これが私の初めてつくった俳句です。このようなよい先生に出会えたことに感謝しています。

春山　戦争を経験された方が少なくなってきている今、私たちの世代もこうした記憶をつないでいかなければと思っています。今回の本も、中村先生の世代から私たちの世代、そしてそのこどもの世代へと、何世代にもわたってつないでいきたい人類の知恵をお伺いしたいと思い、企画しました。

「つなぐ」ということで言うと、私たちYAMAPは、「地球とつながるよろこび。」を企業理念に掲げています。そこで最後の質問になりますが、中村先生にとって、「地球とつながるよろこび。」を感じられるのは、どのようなときでしょうか。

中村 生命誌では「私たち生きものの中の私」として生きることが基本になりますので、地球の上で生まれ、さまざまなものとつながっているのがあたりまえという感覚です。

春山 もう既につながっている。

中村 ええ。生まれたときからつながっていて、今もつながっています。それがあたりまえのこととしてあるので、特別、地球とつながるという意識を持ったことはありません。

もしかしたら、広い宇宙には、地球以外にも生きものはいるかもしれません。でも、少なくとも今、太陽系の中では地球にしか生きものはいない。ですから、私たちが地球に存在しているということ自体が、とてもおもしろいことだと思います。

今、「地球とつながる」と伺って、まどさんのことを思い出しました。まどさんは一〇四歳で亡くなられましたが、一〇〇歳になられた頃、そのお年ですからやはり亡くなることを意識されたのか、「死ぬということは、ふるさとへ戻ることだ」とおっしゃったのです。『どんな小さなものでもみつめていると　宇宙につながっている―詩人まど・みちお　100歳の言葉―』（新潮社）の中で、まどさんは次のような言葉を記されています。

「生まれたところだけがふるさとではなく、死んでいくところもふるさと。宇宙をふるさとにすれば、一緒のところになります」

これは、**私たち生きもののふるさとは宇宙であり、宇宙から生まれてきて、また宇宙へ戻る**、ということですよね。

科学的にも同じことが言えます。以前、NHKラジオの「子ども科学電話相談」で、小さなお子さんが「お母さんから『亡くなったおばあちゃんが星になった』と言われたけど、本当ですか」と聞かれて、「本当ですよ」と答えました。酸素や炭素、鉄など、私たちの身体で働いている元素はすべて、宇宙が大爆発して生まれたものです。そして、ものを燃やして出た二酸化炭素を植物が取り入れて成長し、その植物を食べて動物が生きているというように、私たち

の身体をつくっている物質は生きものや地球のあいだを回っているし、遠い宇宙の中にも同じ物質がたくさんあって、循環しているということがわかってきています。だから、「おばあちゃんがどこかの星になっている」というのは、科学的にも嘘ではないのです。そう思うと、ゴーギャンの「我々はどこから来たのか」という問いの答えは「宇宙からやってきた」ということになるし、「どこへ行くのか」は、「また宇宙に戻る」ということになりますね。

その感覚を、まどさんは一〇〇歳を過ぎた頃に実感なさったのだと思います。宇宙から来て、地球というこのへんてこなおもしろいところで一〇〇年ほど暮らして、また宇宙へ戻る。私もたぶんもう少しするとまどさんと同じ気持ちになるのではないかしら。

春山 今日伺った先生のお話の中で、「人間は生きものである」「生きものに高等、下等はない」「上から目線ではなく中から目線」といったお言葉がありました。おそらく人間は、何世代もかけて、長い時間軸の中で生きものとしての知恵や暮らしを培ってきたのだと思います。

Column 2

「いのちのときめき」に素直に生きると、やがてそれが「仕事」になる

春山慶彦

「どんな職業に就きたいか」よりも「何をしたいか」が重要

近年、AIなどのテクノロジーによって、「人間の仕事が奪われる」などと言われていますが、今ある仕事がなくなること自体は、あまり恐れる必要はないと考えています。なぜならこれからは、仕事がなくなるのではなくて、「今はない仕事」であふれていくからです。たとえば、私が大学生だった二〇〇〇年頃、アプリ開発という仕事もYouTuberという仕事もありませんでした。つまり、仕事は、社会の移り変わりやテクノロジーの発展に応じて、新しくつくることができるのです。

その意味で、「どんな職業に就きたいか」ではなく、「何をしたいか」がきわめて重

要です。私は、こどもたちに「将来、何になりたい？」と聞かないようにしています。大人はこの質問を安易にこどもたちにしてしまうのですが、この問いをこどもたちに投げかけると、こどもたちは今ある職業の中でやりたいことを答えないといけないという枠にはまってしまいます。そうすると、プロ野球選手になりたいとか、お花屋さんになりたいとか、今よく目にする職業で答えざるを得ない。でも大事なのは、職業ではなくて、何をしたいかなんです。プロ野球選手になって何をしたいのか、お花屋さんになって何をしたいのか。

　これは生き方の話だと思っています。生き方で仕事や職業を選ぶ、あるいは仕事自体をつくる。そんな時代に入っていると思います。私はもともと法律家を目指していましたが、自分には法律の世界は合いませんでした。その後、法律家ではなく写真家になりたいと言った途端、周囲の大人からいろいろ言われました。しかも、アラスカに行くと言い出したので、「アラスカに行って食えるのか」「将来どうするつもりなのか」と聞かれました。でも、食うためにその仕事をしたいと思ったわけではなくて、自分の生き方の衝動として写真家になりたい、アラスカに行きたいと思ったので、その意味を問われても、当時は答えられませんでした。でも答えられなくて当然なんです。経験しなければ、自分で

多くのベンチャー企業を輩出するコンテスト「B Dash Camp」で優勝

意味を見出すことはできませんから。

私が若い人と共有したいのは、「なりたい職業がなければ、自分で勝手に職業や肩書きをつくって名乗ればいい」ということです。「ビジネスデザインクリエーター」でも「戦略農家」でも何でもいいので、なりたい職業や肩書きを自ら名乗って実績をつくっていく。それが自ずと職業になっていく。やりたいと思ったら、周りや社会が求めてくる意味など気にせず、とことんやってみたらいいと思います。

生き方と職業を考えるとき、私はいつも車輪をイメージします。生き方は車輪のど真ん中で、職業はどちらかと言えば車輪の外側。収入や肩書きも、車輪の外側です。車輪の外側に自分の軸を置いてしまうと、車輪が回転する度に浮き沈みが激しくなります。でも、車輪のど真ん中に生き方や大切にしたい価値観を据えておくと、社会や状況がどんなに変化しても、振り回されることがありません。社会や環境の変化が激しい時代だからこそ、好きや、わくわくする、衝動といったものを車輪のど真ん中に据える。職業や仕事は、車輪の外側くらいの認識でいいと思います。

自分のいのちのときめきに素直に生きる

私が言う「好き」は、単に好き嫌いの次元で語られるような「好き」ではありません。どうしてもやりたいとか、自分のいのちがときめくようなことが「好き」の中心にあると思っています。それは楽しいとか苦しいを超えた「生きているよろこび」です。

前章でもご紹介した神話学者のジョーゼフ・キャンベルさんは『神話の力』という本の中で、「Follow your bliss.」（フォロー・ユア・ブリス）という言葉を使っています。私はこの言葉を「自分のいのちのときめきに素直に生きる」と解釈しています。

自分は何に対していのちがときめき、わくわくするのか。このときめきをつかまえておくことが大事です。でも、一〇代、二〇代では経験の量が少ないため、自分のいのちが何にときめき、わくわくするのかをつかむのが難しい。だから、迷いはあっても、どうしてもやりたいと思ったら、どんどんやればいい。三日坊主でもいいので、他人《ひと》がなんと言おうが、社会的に意味のない行為とされていようが、やりたいと思ったら自分でまずはやってみる。経験してみる。その上で、自分に合うのかどうか、自分のいのちがときめくのかどうかを確かめてみるのがいいと思います。

今の社会は、意味を問い過ぎていると思います。経験する前から、その行為や活動に意味があるかどうかを問うてしまっている。意味ではなく、衝動やわくわく、ときめきみたいなもの。これらに素直に生きていると、後々その経験が意味になり、いずれはその人の仕事になると思います。

もう一つ伝えたいのは、「自分探し」という行為について。私は自分なんてなくしてしまった方が、よほど生きやすくなると思っています。この「自分探し」にとらわれると、生きにくくなります。もちろん、何を感じ、何を思い、どう考えるかの出発点は自分です。ただ、「自分探し」をしている人たちは、自分から矢印が出て、矢印の行き先もまた自分に向いている。このベクトルだと、世界中どこへ行ったとしても、誰と出会っても、地球の外へ出たとしても、何も変わらないと思います。

大事なことは、矢印の出発点を自分に置き、その矢印の行き先を（自分ではなく）世界に向けることです。矢印が世界そのものに向いていると、自分が考えている以上に世界は広くて大きいことがわかります。すると、「知りたい」「学びたい」という衝動に駆られる。知的好奇心が湧いてくる。旅や登山をする人は感覚的にわかると思いますが、自分のいのちが「透明」になる感覚、あるいは世界に抱きしめられているような感覚です。これは「自分探し」とはまったく違うベクトルです。他者や世界に開かれた自分です。いのちを世界に開き、世界とつながっている経験を、多くのこどもたちにしてほしい。世界全体と自分のいのちがつながっていることを、概念ではなく身体経験として理解することが大切です。

生き方の延長にある仕事

私は仕事について考えるとき、重要視している点が三つあります。一つ目は、自分が心からその仕事をしたいと思っているか。二つ目は、他の人にとって役に立つのか。三つ目は、社会を含めた環境全体がより良くなるのか。この三点の重なりを意識して仕事をすることがきわめて重要です。

それができれば、私たちは今以上に生きやすくなるはずです。自分が豊かになることで他者を不幸にしたり、人類が豊かになることで環境が悪くなる。これが不幸やいびつさを生んでいる元凶です。私たち人類が幸せになることで、環境も豊かになる仕事をつくっていくことが、今求められています。みなさんの仕事に当てはめてみて、もし自分がやりたくない仕事をしているのであれば、やりたい仕事にするにはどうしたらいいのか。環境を悪くしている仕事であれば、環境を良くするにはどうしたらいいのか。そこに目標を設定して努力していくことが大切だと思っています。

今の仕事を辞めて転職した方がいいとか、起業した方がいいとか、そういうラディカルなことを言いたいわけではありません。自分の仕事を、この三点で見たとき、今やっていることをもっと良くするにはどうしたらいいのかと考える。欠けている点があれば補う。そうすることで、今以上に社会へインパクトを与える仕事ができるようになると思います。

最近、「ソーシャルビジネス」という言葉をよく耳にします。これは単なる流行り言葉ではなく、ソーシャルビジネス的な仕事をしていかなければ、私たちの未来や環境は貧しいものになるということのあらわれでもあると思います。「企業は社会の公器」という言葉があるように、すべての仕事は本来ソーシャルビジネスです。気候危機が叫ばれるようになり、今、会社のあり方の原点に立ち返っている印象があります。

すべては「感じる」からはじまる

このような社会に生きている私たちにとって大切なことは、社会への感度です。つまり「世界をどう認識するか」です。認識には、その人の感覚・感性が重要です。あの人がこう言っているとか、政治家がこう言っているというのではなく、あなたはどう思うのか、私はどう感じるのかを出発点にしないといい社会はつくれない。「自分たちがどういう環境、風土に育まれて、今、生きているのか」を感じ、考えることが大事です。その上で、私たちの社会がどういう状況か、現状をきちんと分析し、どんな社会が理想なのか、どういう社会をつくりたいのか、どうしたらみんなが幸せになるのかを考える。

この現状と理想のギャップが課題です。この課題を、事業やNPO、教育でも何でもいいので埋めていく。社会へのインパクトが大事なので、理想は高く遠くに置いた方がいい。課題を埋めるために、事業を通じて自分たちで答えをつくっていく。これが事業・仕事の基本だと思っています。

私は、医師の中村哲さんを「イノベーター」として、とても尊敬しています。ご自身ではイノベーターとは思っていなかったと思いますが、私から見て哲さんは立派なイノベーターです。

哲さんはもともと山がお好きで、パキスタンの登山隊に随行されたことがありました。そのとき立ち寄った村で、「お医者さんが来た」と話題になり、地元の人たちが診療してほしいと駆け寄って来たそうです。しかし、登山隊のために薬を残さないといけなくて、そのときはほとんど何もできませんでした。その経験を哲さんはずっと気にかけていた。その後、ペシャワールでハンセン病患者の治療をするために医者が必要になったとき、哲さんは手を挙げました。

ペシャワールへ行くと、そこにはハンセン病以外の患者さんもいたので、哲さんたちは一般診療をはじめ、ペシャワールを拠点に診療所や病院をつくりました。でも、病院をつくったのに、診ても診ても病気のこどもたちがやってくる。その原因が不衛生な水を飲んでいることだと気づき、哲さんたちは井戸を掘りはじめるのです。

そして次に、「一〇〇の診療所より一本の用水路」という言葉を掲げ、用水路をつくった。水こそが人のいのちを守り、育むという考え方があったからです。先ほどの車輪の話をイメージしてほしいのですが、お医者さんのど真ん中というのは、人のいのちを守るとか、人を健康にすることですよね。だから、哲さんは診療するだけではなくて、人のいのちを守るために、井戸や用水路を掘ったのです。日本からの寄付金を元手に、アフガニスタンの人たちとともに用水路をつくり、ガンベリ砂漠の一部を緑野に変えました。難民の人たちが戻り、暮らせる大地になったのです。心が震える尊いお仕事だと思います。

能力より経験の積み重ね

仕事というのは、現状と理想のギャップを埋める手段であり、プロセスです。大切なのは、理想をイメージできるかどうか。「これをやらないといけない」という使命感に駆られるかどうかなんです。実現できるかどうかは、才能や能力というよりも、経験の積み重ねだと思います。哲さんはペシャワールで長年診療を続けてきて、自分の腕の中でこどもたちが死んでいったり、アフガニスタンが戦場になってしまうなど、言葉にはできないような辛《つら》い経験をされた。そのことが使命感を生み、実際に現実の風景を変えました。こうした妄想力というか、使命感のようなものがないと、ビジネスや事業はできないところがあります。逆に言えば、それがあればできるということです。

これから社会に出る人には、自分には取り立てて能力がないなどと思わずに、いのちがときめくことに素直になって、いろいろなことにチャレンジしてほしいと思います。その中には失敗もたくさんあるでしょう。そうした経験の積み重ねが、あなたにとってかけがえのない仕事になっていくはずです。

参考文献

中村哲『わたしは「セロ弾きのゴーシュ」　中村哲が本当に伝えたかったこと』（ＮＨＫ出版）

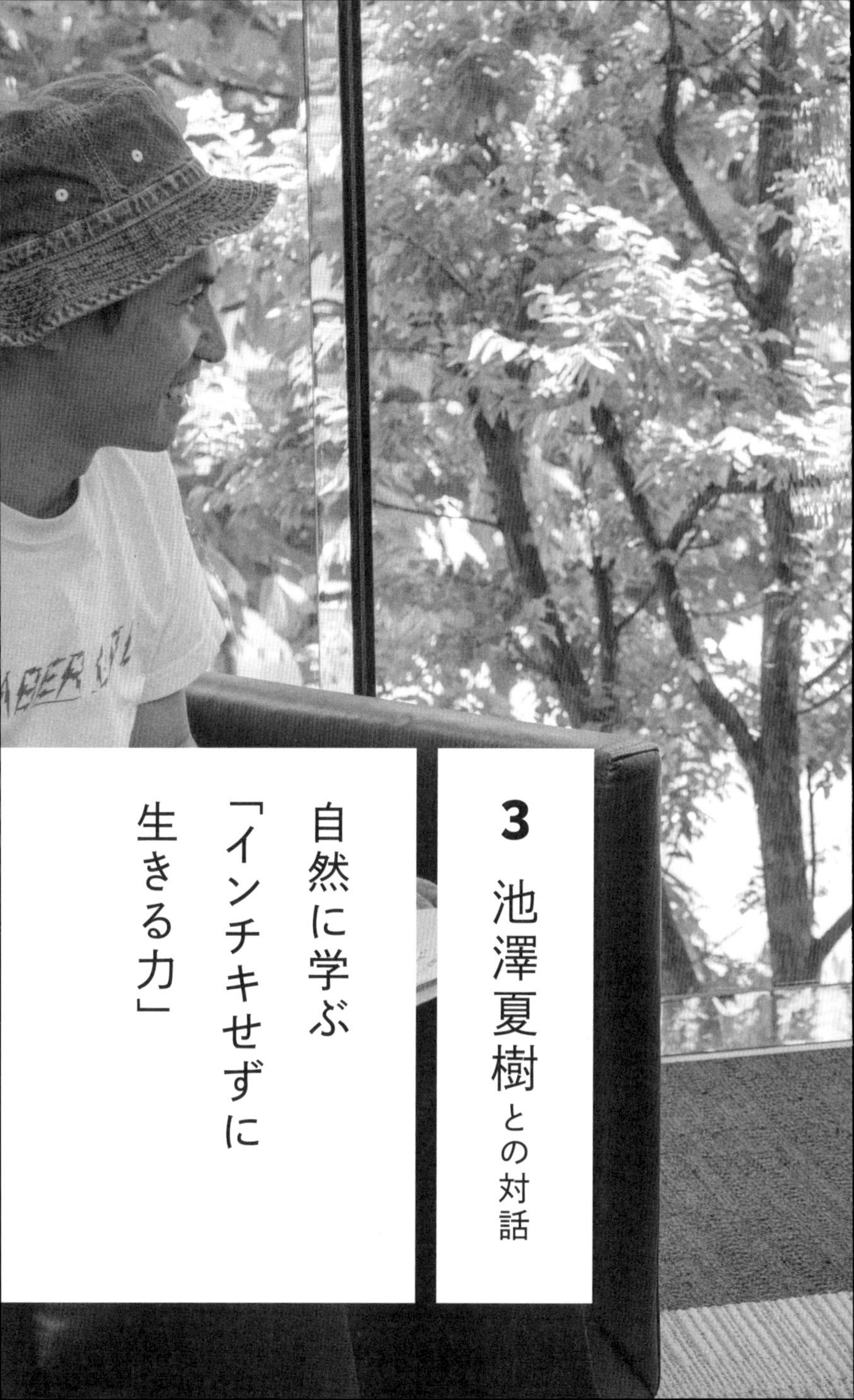

3 池澤夏樹との対話

自然に学ぶ「インチキせずに生きる力」

二〇年ぶりの再会

春山　私は星野道夫さんに憧れて、写真家になりたいという夢を持っていました。今もその夢はまったく変わっていないのですが、東日本大震災を経験したことで、「写真表現を社会に届けるだけでいいのだろうか。事業を通じて社会にインパクトを与えなくては自分の人生に悔いが残るかもしれない」という問いが湧いてきました。

星野さんの眼差しは「人間を含めての自然」です。しかし現代人は、その眼差し、感覚が希薄です。池澤さんの『科学する心』（角川ソフィア文庫）の「主観の反逆、あるいは我が作品の中の反科学」というエッセイの中に、「我々は自然を科学の対象として見るばかりで、

池澤夏樹（いけざわなつき）
一九四五年北海道生まれ。小説家・詩人。埼玉大学理工学部物理学科中退。「スティル・ライフ」で芥川賞を受賞。著書に、『旅をした人　星野道夫の生と死』『されく魂　わが石牟礼道子抄』『また会う日まで』など多数。他に『池澤夏樹＝個人編集　世界文学全集』『池澤夏樹＝個人編集　日本文学全集』などを手掛ける。

それをすっかり科学者に委ねてしまった結果、個人に属するものとしての自然を喪失した」という文章があります。その結果が、東日本大震災と原発事故だったのではないかと思います。**食料やエネルギーといった、暮らしにとって根源的で大事なものを都会に住む人たちは誰かに任せきりにしていた。そのツケがあの原発事故にあらわれている**のではないかと、私は考えています。

前述のエッセイの中で、池澤さんは「それを嘆くのではなく、ちまちまと隅をつつくのではなく、自己という存在をもっと大きなフレームの中で取り戻すことはできないか」と綴《つづ》られています。また、池澤さんがお書きになった小説『スティル・ライフ』（中公文庫）の「大事なのは……外の世界と、きみの中にある広い世界との間に連絡をつけること、……たとえば、星を見るとかして」という一節が、ずっと心に残っています。

私自身、震災と原発事故を経験し、自然と人間の関係性、風土について深く考えました。日本社会の最大の課題は、都市化が進み、私を含めて多くの人が風土や自然から離れた生活をしてしまっていることにあるのではないかと思うに至りました。「生きものとしての人間の野性」を取り戻し、人間も風土や環境の一部であるという感覚を私たちが再び持てるようになるにはどうすればいいのだろうかと考えるようになったのです。

池澤　自然に一番近いところで都会人が気にするのは天気予報だけで、「今晩の月齢知っていますか」と聞いても、誰も知らないし、考えもしない。だいたい、都会では慌ただしくて月を眺める時間もあまりないでしょう。

春山 そこで、**都市と自然をつなぐ方法として、登山や山歩きに大きな可能性がある**のではないかと気づきました。私にとって3・11は一つのきっかけになったわけですが、どうしたら自分が暮らしている地域を一つの生命圏と捉え、風土をより豊かにして、次世代につなぐことができるだろうかと考えました。建物やシステムなど、外側の改善に目を向けてばかりですが、本当に変えないといけないのは、むしろ自分たちの内側――つまり、考え方や精神、世界の捉え方にあるのではないか。知識や情報ではなく、風土とのつながりを実感する身体経験がより身近になれば、世界の捉え方や私たちのいのちが風土と地続きであることを感覚で理解できるのではないか。そのためにも、山へ行って、自然を歩いて楽しもう、と。この身体経験や自然観をベースにすれば、もう少しまともな、身の丈にあった社会がつくれるはずです。

池澤 あのエッセイにも書いたことですけれども、個人単位で自然とつながるだけだと単なる趣味の登山になってしまいます。だから、人間全体の立つ位置を本来の場所に戻し、人間を含む世界像から世界に働きかけることが大事なのです。

春山 私もそのことは強く意識しています。今日の対談の中でもいろいろお話をお伺いできればと思っています。

覚えていらっしゃるかどうかわかりませんが、池澤さんとお目にかかるのはこれが三回目になります。最初は私が二二歳の頃です。当時、私は星野道夫さんがフィールドにしていたアラスカへ行くと決心し、星野さんを直接ご存じだった方々にお会いしては、星野さんのことを伺っていました。池澤さんも星野さんと親しくされていた方のお一人で、星野さんが亡くなられた後、『旅をした人　星野道夫の生と死』（スイッチ・パブリッシング）などの本や文章で星野さんのことをお書きになっていらっしゃったので、ぜひお目にかかりたいと思っていたんです。池澤さんが京都大学で夏に集中講義をされるという情報を知り、ちょうどその頃、私もたまたま京都にいたので、潜り込ませていただきました（笑）。

池澤　そう、あれは誰でも受講できるんですよ。

春山　講義が終わった後、「星野さんのことを聞かせてください」とお願いし、短い時間ではありましたが、池澤さんとお話しさせていただきました。そのとき、池澤さんがまっすぐな目で私と向き合ってくださったことを、今も鮮明に覚えています。

二度目は、その一年後になると思います。私が哲学者の鶴見俊輔さんの勉強会を末端でお手伝いさせていただいていた頃です。鶴見さんが池澤さんと対談したいとおっしゃって、池澤さんがそのとき住んでいらした沖縄から京都へ出向いてくださったんです。私はお二人の話を隅で聞かせていただきました。本当に貴重な経験でした。二〇年を経て、池澤さんにまたお目にかかれることを心から楽しみにしていました。

池澤　ありがとうございます。僕も楽しみです。

春山　この二〇年間の、池澤さんのお仕事を本や雑誌などで拝見して思うのは、池澤さんのお仕事の幅がとても広くて深遠だということです。小説にとどまらず、映画や外国の小説の翻訳もされ、詩人でもあり、何年もかけて世界文学全集や日本文学全集の編集を手掛けられ、それが今、一段落したところで、また小説を書かれている。その間、何度か住む場所を変えてこられた池澤さんは、風土や土地とともに仕事をされてきた方だという印象を持っています。

哲学者・鶴見俊輔さんの勉強会にて

今日は、風土や自然に対する池澤さんの考え方を改めてお聞きしたいと思っています。どうぞよろしくお願いします。

池澤 こちらこそ、よろしくお願いします。

星野道夫という人

池澤 まず、星野の話をしましょう。本当のことを言うと、僕と彼はそんなに何度も会っていないんです。だから、フェイス・トゥ・フェイスの接点としてはとても少なかったけれども、彼の仕事はずっと見ていたし、彼も僕の本は読んでいて、お互いのことはよくよくわかっているつもりでした。

出会いの最初のきっかけは、彼の本の書評を僕が書いたことでした。何の本だったか、もう覚えていませんが、その本を読んだとき、彼が自分と同じ種類のことを考えて、やろうとしている人間だということがよくわかりました。彼も、僕の書評を読んで、同じことを思ったわけですね。それで彼が次に出した本の書評をした後、東京で会うことになりました。その次がアラスカだったかな。僕らが到着した夜、アラスカの彼の家で食事をご馳走《ちそう》になって、次の日、一緒に街を少し歩いたら、もう彼はすぐに撮影に出発しないといけなかった。そんな慌ただしい再会でした。

そのあと、ラジオ番組の企画でアラスカのフェアバンクスにいた彼と電話で話したりして、最後に対面で会ったのは一九九六年二月の東京でした。そのとき、「一緒にテレビの番組をつくろう」という話をしていたんです。星野は撮る人、書く人であった以上に語る人でしたから、彼の話を聞いていると、その場所に行きたくてたまらなくなるんですね。アラスカで会ったとき、彼は「ブルックス山脈の北側で、五月に凍っていた川が融けて水が流れ出し、一瞬にして春が来てすべての生きものがよろこびに浮足立つ姿を見にゆこう」と誘ってくれて、僕はその風景だけでなく、彼が見てきたさまざまなアラスカの景色をたどり、僕がそれを彼の肩越しに見るという番組をつくりたいと思いました。実に勝手で欲張りな計画だけれども、彼も「ええ、ぜひやりましょう」と言ってくれて、「じゃあ来年にでも」という話になっていたんです。僕はその旅に備えて、カヤックの練習を重ねていました。その矢先、彼が亡くなったという知らせが入ったのです。

春山　そうだったんですね。

池澤　友人一同、茫然《ぼうぜん》としました。でも、残された者たちは、彼の言葉、写真、生き方を伝えなければならない。その頃の日本人は星野道夫のことをまだあまり知らなかったのですが、もう星野の新作はないわけだから、彼が撮ったり書いたりしてきた作品をみんな見せようと、彼の写真展を開いたり、文章を書いたりして、本当に数名で一生懸命、盛り立てた。僕自身は先ほど挙げてくださった『旅をした人　星野道夫の生と死』という本を一冊つくりました。そうしたら、星野道夫が一種の「ブーム」になってしまったのです。もちろん、星野の作品や生き方が広く知られるようになったこと自体は、全然間違ってはいないのです。でも、死んでブームになるよりは、生きていてもっと撮ってほしかったなという気持ちもあってね。

春山　そうやって池澤さんたちが星野さんのことを紹介してくださったおかげで、私を含め星野さんに出会えた人たちがたくさんいたと思います。

私は二〇代のとき、星野さんに憧れてアラスカへ行き、フェアバンクスで二年ほど暮らしました。星野さんの影響もあって、旅人ではなく、なるべく住人に近い形でアラスカを経験したいと考え、学生ビザを取り、大学に通いながら、夏の休みに、シシュマレフという、星野さんが過ごしたイヌイットの村にお邪魔したり、デーリングという村に行って、クジラ猟やアザラシ猟を経験させてもらいました。自分の手で動物を獲ってさばき、食べものや道具にしたりする狩猟を体験したかったんです。

アラスカの原野にも行ってみて感じたのが、星野さんのすごさです。日本で星野さんの文章を読むと、アラスカの原野って美しい自然なんだろうなあと想像するのですが、実際に行

アラスカの原野　撮影／春山慶彦

ってみると、まったく違う風景が見えてくるんですね。

北極圏はジャングルと違ってわかりやすく生命があふれているような場所ではありません。ただひたすら原野が広がっています。星野さんはそんな場所で一ヶ月の間、たった一人、圧倒的な孤独と自由の中で思索をし、表現を続けていたことを、身をもって知りました。一見すごくロマンティックですけど、私自身もそういう原野に一ヶ月いて、表現するのが難しいですが、気がおかしくなりそうでした。そのくらい、自然の側の力が強いところなんです。

自分でアラスカの原野を経験し、

「自然と人間の関係性を捉え、人間を含めての自然や世界を表現する」星野さんの意志の強さを、深く認識しました。

池澤 僕は、彼が伝えようとするメッセージ以上に、あの生き方、仕事の仕方、暮らし方、その全体が彼という人の魅力であり、見るべきところだと思いますね。

彼は決定的瞬間を捉えて、一番いいショットを出してくるから、とてもドラマティックに見えるけれど、アラスカの原野がそうであるように、**自然というのは実はとても単調で退屈なもので、ほとんど何も起こらない**んですね。自然を表現する写真や映像は、たとえばライオンがシマウマに襲いかかっているような劇的な場面を切り取って見せているだけで、ライオンが朝から晩まで狩りをしているわけではないですし、特に雄ライオンなんて、一日のほとんどはごろごろしている。むしろ、人間社会の方が、刺激に満ちていると感じられるのではないでしょうか。

僕に言わせれば、自然は人間なんかに対して無関心、動物に対しても無関心なんです。「こっちはこういうふうに動いていくから、その中でやれるだけやってごらん」と、突き放すだけ。それが、地球ができたときからのルールで、動物の場合は、そのルールの中でえさを探したり、身を隠したりと、生きるために自律的に動いていくわけですね。

人間はそういうアクティビティーをしないし、せいぜい歩くぐらいしかできません。だから、アラスカの原野みたいなところにいたら、どこまで行っても同じ風景ということになる。そのことをわかった上で星野のベストショットを見ると、「この背後に空白のような時間がたくさんあったんだな」ということも想像できます。彼がカメラで捉えた動物たちや風景とは別に、雪の原野に座り込んでカメラを構えていた彼の姿も見えてくるんです。

そういう容赦ないアラスカの自然の中で、星野は動物と同じ立場に身を置きました。装備や食料を持っていくという意味では、自力でえさや安全な場所を探さなければならない動物とは違いますが、身体能力は動物に比べれば落ちるので、トータルで見れば動物と同じぐらいの危険度に自らを追い込んだのです。そうやってある程度の危険を負った上で、自然のルールに踏み込んでいって、美しい写真を撮り、文章で伝えたということが彼の仕事だったのだと、今になると思います。

彼は常に慎重に行動する人でしたけれども、危険な目にも遭っています。本当に危なかったのは、彼がアラスカのどこかの無人島にシーカヤックで行ったときのことですね。食べ物やテントや何もかもを載せたカヤックで何週間もかけてアラスカの湾から湾を巡っていた旅の途中、カヤックを岸辺の岩につないで、山の方に撮影しに行ったのですが、帰り道、カヤックをつなぐロープをちゃんと結んだかどうか、不安になる。あわてて駆け戻ると、やっぱりちゃんと結べていなかったのか、潮が満ちてカヤックはもう沖の方まで流れてしまっていた。アラスカの冷たい海の中に入ったら、死んでしまうかもしれない。たとえカヤックをつかまえて陸に上がれても、凍死する可能性もある。

春山　僕は一度、知床で流氷の海にカヤックで入ったことがあります。流氷のあいだを縫って漕《こ》いでいくこと自体は別に危なくないんです。星野の話を知っていた僕は、どのくらい冷たいのかなと思って、海に指を入れてみたら、冷たいどころか、締めつけられるような痛さを感じました。一緒にいた人から、「沈《ちん》して水に入ったら一五分で死ぬ」と言われましたよ。そのときは仲間もそばにいたし、平らな海だから沈はしなかったのですが。

池澤　流氷にぶつかるようなことはないんですか。

春山　沈するほどの衝撃でぶつかることはありません。流氷の塊に近づくと、水面下に棚が出ていて、その棚にカヤックを乗り上げると、ちょっと傾くくらいですね。万が一沈したとしても、仲間がすぐに引き上げてくれて、宿まで車で戻って風呂に入れば大丈夫です。

でも、星野の場合は一人だったから、本当に危なかった。カヤックを取り戻さないと、孤島に取り残されて一巻の終わりです。彼は海に飛び込み、どんどん流されていくカヤックを泳いで追いかけて、なんとか舟を引き揚げ、急いで火を起こして身体を温め、危うく難を逃れました。彼は、そういう生命を失うような危険な目に遭うということを繰り返しながら、それに耐えて、いろいろなことを学んでいったのだと思います。大変な精神力であり、勇気であり判断力ですよ。

春山　誰もができることではないと思います。

アラスカの自然のメッセージ

春山　私がアラスカに住んでいたとき、先住民の方たちの生活を垣間見させてもらったのですが、**私がわかることは、やはり一〇〇のうち〇・〇一ぐらいでしかない**んですね。私のような外から来た人間が、写真を撮ったり、文章を書いたりして、日本にいる人たちへ発信したとして、どれくらい彼らのことをきちんと伝えられるだろうか、と思いました。あと、私がアラスカにいた頃には、既にインターネットが普及していて、デジカメも浸透していました。いずれは彼ら自身がそうしたツールを駆使して、自分たちの言葉や表現手段で自分たちの文化を発信する方向に変わっていくだろう。その方がこれからの発信・表現方法として真っ当に感じたんです。

そのときふと、「もし星野さんが今生きていらっしゃったら、アラスカに居続けただろうか」という考えが頭をよぎりました。もちろんアラスカは星野さんにとって大事な場所ですから、引き続き、拠点にはされたと思います。ですが、もう少し、アジアや環太平洋、日本とのつながりを求めて、モンゴロイドやご自身のルーツを探るお仕事もされていたのではないでしょうか。

池澤 生きていたら、彼はあの後、何をしたでしょうね。

星野は、アラスカが変わっていくことにも気がついていました。変わってしまうからもうアラスカはいいやではなくて、アラスカを含む、もっと大きな輪を描こうとしたかもしれません。彼が次に行く場所がどこだったのか、あるいは場所を選ぶことからはじめていたかどうか、それはわかりませんけれども、かつてベーリング海峡がまだ水中に沈んでいなかった頃、モンゴロイドがその地峡を渡ってアメリカ大陸に移住したという話が星野は好きで、自分でもアラスカからアジア側に渡る舟に乗ったりしていましたね。

春山 星野さんの作品に出会っていなかったら、私はここまで山や自然にのめり込んでいなかったと思います。講演など人前で話をするとき、私は星野さんのことに触れるようにしています。「星野道夫さんをご存じですか」と質問をして、挙手していただくと、会場に一〇〇人いたら、星野さんを知っているという人がだいたい五人から一〇人ぐらい、その数が年々少なくなってきている気がします。

星野さんのことを知らない、特に若い世代の人たちへ、星野さんがどういう人だったか、今、この時代において星野さんがどんな意味を持つお仕事をされていたのかを、どうやって伝えればいいと思われますか。

池澤 僕だったら、こんな言い方をするでしょうね。

「毎日ろくでもないことばかりでしょうから、ちょっと旅に出てください。アラスカがいいです。特に原野に入っていくといろんなものがあります。それを見物する旅と思って、まずアラスカの原野を撮った写真集を見てください。その上で、そこに出ている写真を撮った男が文章をいっぱい書いていますから、そっちも読んでみてください。そうすれば大丈夫、どんどんのめり込みます」

春山 そうですね。私も、「星野さんってどんな人ですか」と聞かれたら、「星野さんの文章や写真を見てください」と言うのが一番だと思います。

池澤 彼のメッセージは強いんです。受け取りやすくて、はっきりしている。彼は写真の腕がありましたから、素晴らしいショットが何百、何千とあるし、文章も本当にうまい。何しろ全集（『星野道夫著作集』全五巻　新潮社）をつくれるくらいですからね。だから、彼が伝えようとしたことが共感をもって受け止められる。

さっき、彼がアラスカの原野の中で一人思索していたという話がありましたが、彼の場合、課題を与えられて答えを求めて思索するというより、課題を見つけるところからはじまるわけですね。そのことをずっと考えているのではなくて、いつもはぼーっとしていて、何かのきっかけでひらめく。それがうまくいくと作品に育っていったということでしょう。

星野のメッセージは、アラスカに行って、自然を見て、動物たちを見て、動物たちの生き方をまずは知りましょう、ということです。自然界のルールと人間の世界のルールはほとんど合いません。**人間は全身の中で脳の力だけを異常に高めて、それで文化をつくり、その中にこもるようになりました。安楽で危険は少ないけれど、その分、生きる姿勢にゆがみが生じてしまっている。**自然界というのはある意味厳しくて、容赦ない。人間の都合なんて、何一つ気にかけてはくれません。

自然は恩恵であると同時に、生きることに対する制約でもある。そんなあたりまえのことを忘れてしまった人間は、生きるということをなめていて、本来受け取るべきリスクをサボっているから、それに対応する力や知恵がない。そこが、自然の中でインチキせずに生きる力を身につけている動物との違いです。そんなふうにゆがんだ人間の社会は、一見繁栄しているように見えながら、非常に危ういと言えます。

そういう人間社会に対して、アラスカの自然は「人間ももともとはこうやって生きていたんだよね」というメッセージを出してくれる。そのメッセージを受け取れるかどうかは、こちらの姿勢次第ですが、星野はそのメッセージを受け取り、我々のところに運ぶことができた使者でした。今、星野の本を読むと本当におもしろいと思いますよ。

春山　実際にアラスカに行って痛感しましたが、星野さんと同じことをやろうとしても、自然や暮らしが変わってしまっているので、もう無理なんです。星野さんが残してくださった仕事の偉大さは、時間が経てば経つほど輝きを増し、私たちの生き方や社会のあり方を見つめ直す鏡になるように思います。星野さんが伝えようとしたメッセージは今の時代にこそ切実です。もう一度自分たちがきちんと解釈して、身を正すということをしないといけない。それくらい大切なものが星野さんのお仕事には詰まっています。

星野さんの写真や文章も素晴らしいのですが、星野さんの生き方や、生きることに対しての純粋さに胸を打たれます。真剣に生きた人というのか、悔いのない生き方をした人というのか、どう言葉を紡げばいいのか難しいですが、自分の心のときめき、生きていることのよろこびに素直に生きた人だということを感じます。

池澤さんと星野さんの対談で、星野さんが、クジラを見に日本から訪ねてきた友人の話を紹介していますよね。アラスカの海でザトウクジラが大きくジャンプして海面に戻っていった、その光景を一緒に見ていた友人が東京に帰ってから「自分がこうして忙しい暮らしをしているときにアラスカの海でクジラが跳び上がっているんだなあと思うと、何かすごくほっとする」と言っていたそうですね。実際、今、私たちが東京にいるこのときも、アラスカの海ではクジラが海から跳び上がっている。

池澤　クジラは海面の上に出ていろんな動きをするんですよ。海面の上に顔を出して周囲をうかがうような動作をするスパイホッピング、体を海面上に持ち上げるようにしてからひねるブリーチング、尾びれだけを出して水面に打ちつけるテールスラップ……求愛行動だとか威嚇だとか言われますが、なぜそういうことをするのか、人間にはなかなかわからない。

春山　星野さんもクジラがなぜ海から出て宙に舞うのかは、「永久に答の出ない問い」だと書かれていますね。

星野さんの言葉に「遠い自然、近い自然」というものがあります。クジラが海で生きる一方で、私たちは都会に住み、電車に乗っている。同じ時を共有し、別々の時間を生きている。そのことを想像できるだけで、生き方や生きることの豊かさが変わってくるように思います。星野さんは、一〇代の頃に北海道のヒグマに対して同じようなことを感じられたそうです。「自分が東京で暮らしているこの瞬間に、同じ日本のどこかでヒグマが呼吸をしている」というのは、考えればあたりまえのことのようですが、それは星野さんにとって「世界からのひとつの呼びかけ」であり、そのことが「自然を意識する、最初のきっかけになった」。そういう話が星野さんの『長い旅の途上』（文春文庫）という本に書いてあります。

狩猟文化の謙虚さ

春山　私が星野さんの本を最初に読んだとき、「ああ、人間がつくった都市とは異なる世界があるんだ」という単純な憧れがありました。もちろん、今もその憧れは変わっていませんが、少し感じ方が変わってきたところは、星野さんの素晴らしいところ、そして私が一番共感するところでもあるのですが、「人間を含めての自然」を作品として昇華している点です。それまで写真家というと、動物写真家、山岳写真家、人間社会を撮る写真家、といったようにジャンルに分かれて活動している傾向が強かったと思います。でも、星野さんはそういうジャンル分けにおさまらず、人間を含めての自然をテーマに、写真を撮り、文章を書いた。だから、星野さんの場合、もちろん動物の写真もたくさん撮っていますけれども、動物写真家という括り方はできないと思っています。人を撮るときも、先住民だけとか、そういう狭い視野ではなく、白人も含めて人種に関係なくアラスカの大地で生きている人間の生き様の良質な部分をぎゅっと凝縮して写真や文章で表現している。星野さんの姿勢や眼差しには、心揺さぶられるものがあります。

池澤　彼が書いたアラスカの人たち、特に老人が多いですが、実に魅力的ですよね。アラスカという土地はどうしても、ドラマティックな生き方を強いるようなところがあるわけですから、彼の本の中に出てくる人たちは、みんな、語るべき人生の物語を持っていました。そして、記録というものが残らないアラスカのネイティブたちの暮らしで、老人たちの話を聞くことがいかに大事か、彼は心底、理解していました。

確かに、星野道夫を動物写真家として捉えている人は多いかもしれません。彼の初期の作品は『グリズリー』（平凡社）や『ムース』（平凡社）など、動物単位でまとめた写真集で、実際、彼の動物の写真は非常に印象的です。でも、彼はもっと広い自然写真家であり、さらに言えば、自然の中で生きていく人たちと出会い、自然の中で人が生きていくとはどういうことかを表現した人ですね。

春山　星野さんは最終的に、ワタリガラスをモチーフにした神話を追う仕事をされていました。それは池澤さんがおっしゃる、人間をもっと大きなフレームの中に取り戻すことに通じているのではないでしょうか。

池澤　ワタリガラスというのは、シベリアからアラスカあたりで普通に見られる鳥で、日本では時々北海道に渡ってきます。このワタリガラスは大変賢い鳥で、これをトーテムにする一族の話があるんです。星野は最後の数年、この鳥をめぐる神話システムに夢中になっていました。その成果は「ワタリガラスの伝説を求めて」というサブタイトルがついた『森と氷河と鯨』（世界文化社　現在は『星野道夫著作集4』に所収）にまとめられています。

人間とは何かを問うたとき、人間とは自然の中にいて、自然を相手に生命を維持して生き、しかも生きていることの意味を考えるという動物である、人間とはそういう存在であるという全体像を描いた。つまり彼はこの仕事で、人が生きていくことの意味全体を、ものすごく大きな網の中に捉えたわけで、そういうことをやった人間は他にいないでしょう。神話を過去の側とするならば、そこから現代のアラスカ、その先の世界へと考えの線を延ばしていました。本当に大きなサイズでものを考えていた人だったと思います。

星野が動物や自然だけ、あるいは人間だけというのではなくて、人間も含めた自然を撮っていたという話で言えば、人間が動物になり、動物が人間になるというのはつまり神話なんです。それこそ、お狐様《きつねさま》を祀るお稲荷《いなり》さんからはじまって、昔はそういうものが身辺にいっぱいあったし、人というものを自然界の中で相対化できていた。しかもおもしろくて楽しい。コロナ禍で疫病封じの妖怪、アマビエが話題になりましたが、そういうものは薄れてきていても、実はさまざまな形で今も残っていると思います。

春山　人間が動物になったり、動物が人間になったりすることの根底には両者が対等であるという考え方があります。それがよくわかるのが狩猟文化です。星野さんの『イニュニック［生命］―アラスカの原野を旅する―』（新潮文庫）に、アラスカの村人たちの祝宴に招かれるシーンがあります。そこに「生きる者と死す者。有機物と無機物。その境とは一体どこにあるのだろう。目の前のスープをすすれば、極北の森に生きたムースの身体は、ゆっくりと僕の中にしみこんでゆく。そのとき、僕はムースになる。そして、ムースは人になる。次第に興奮のるつぼと化してゆく踊りを見つめながら、村人の営みを取りかこむ、原野の広がりを思っていた」という文章があります。星野さんが書かれているように、食べる行為とは動物や植物、つまり他者の生命をいただいて生きるということです。その動物や植物のいのちを取り込んで、私たちは生きています。その接点の最も近いところにいるのが、狩人《かりゅうど》たちです。

動物のいのちを狩らなくても生きていけるなら、たぶんその方がいいのでしょうけど、生きる以上、そういうわけにはいかない。だから彼らは自分の手で動物を殺《あや》めて肉にし、皮や骨を道具にすることを切実な営みにしている。狩猟文化が強く残る社会の中では、人間を特別な存在だと見ること自体できないと思います。**世界や他の生きものに対して対等で、謙虚なものの見方が内包されているのが狩猟文化の素晴らしいところ**だと私は思っています。

池澤　アイヌ民族の人たちが熊を狩るとき、獲物を仕留めた狩人は、自分の腕がいいから熊が獲れたとは思わないで、「熊が自分のところに来てくれた」と考えます。だから、熊のいのちを獲るけれども、魂は熊の国へ帰して、その身体だけをいただく、まさに謙虚そのものです。アイヌに限らず、狩猟民は世界中、みんなそうですね。

何かうまくいったとき、「俺の腕がいいからだ」と思うのではなく、それはある意味、運

であって、運である以上は何かに感謝しなきゃいけない。その何かは必ずしも神様でないかもしれないけれど、たぶんそういう謙虚な姿勢そのものに意味があるのでしょう。

星野自身は自分で銃をとって動物を殺したことはありませんでしたが、彼の写真は、まず自然の中へ入っていき、実に謙虚に自然に学び、その結果、被写体という獲物を得て、その成果に感謝するという儀式そのものだったと思います。

春山　そう言えば、腕のいい猟師の何がうまいかというと、獲物を仕留めた後の解体の仕方なのだそうです。ナイフ一本で本当に美しく解体していく様子は、見ていてそれはほれぼれすると言います。なぜそんなふうに解体するかというと、それは彼らの中に殺した獲物に対するリスペクトの気持ちがあるからで、春山さんの「自然の中では動物と人間は対等だ」という話に通じると思います。

『科学する心』でも紹介されていたイスラエルの歴史学者、ユヴァル・ノア・ハラリの『サピエンス全史』（上下　河出書房新社）に、農業が人類にとって一番の詐欺だったということが書かれていますよね。今の時代、狩猟という人間の営みを捉え直す必要があるのではないかと思うんです。狩猟文化の豊穣さ、狩猟生活をベースとした小さなコミュニティでの暮らしから学ぶことも多いのではないかと思います。

池澤　ハラリの説明では、人類が狩猟採集生活から農業に移行して、手に入る食料の総量は確かに増えたけれども、そのことはより良い食生活やより長い余暇には結びつかず、むしろ人口爆発と飽食のエリート層の誕生につながった、そして大多数の農民にとっては、苦労して働いても狩猟採集社会より見返りは少なくなったというのだから、これはまさに詐欺であり、罠だったわけですね。目先の利を追ううちに、人類はとんでもないところまで来てしまって、でも流れは止められない。ハラリと違って、僕は人類の将来に悲観的ですが、狩猟文化を今の時代にどう使えるか、というところでしょう。

春山　今思い出したのですが、狩猟文化の残っている村に行くと、「これしちゃ駄目、あれしちゃ駄目」と、タブーがとても多いのです。**狩猟文化にあるタブーは人間を謙虚にする仕組み**なのではないでしょうか。

　タブーというと、禁止ばかりで息苦しいと思われるかもしれません。ですが、人間の身のほどを知らしめる仕組みであり、自然と人間の関係のバランスを崩さないようにする役割もあったのではないかと思います。今の時代の私たちが狩猟文化から学べるものがいろいろあるように感じます。**特に現代の都市社会では、決まった時間に電車が来るなど、何でもコントロールされたシステムがつくられていて、自然に対する謙虚さや畏れを忘れてしまいがち**になりますから。

池澤　普段、都会で暮らす人たちはそういう安楽で便利なシステムに守られているように見えて、実は縛られているのではないかと思いますね。

すべての基本は「一人対自然」

池澤 我々が運や謙虚さの感覚を取り戻すにはどうしたらいいか、一言で言えば、山に行きましょう、ということですよね。

山に行くといろんなことが起こります。滑落するかもしれないし、霧にまかれるかもしれない。尾根を歩いていて、ここだと思って進んでいったら、違う谷筋に行ってしまい、そのうち自分がどこを歩いているのかわからなくなって、迷ってしまったりもする。山では、もちろん装備や訓練、それから経験も大事ですが、実は運という要素がとても大きい。早い話、晴れなかったら山は辛いですよ。

春山 そうですね。

池澤 そういうことも含めての、それこそ人生だということが明らかにわかるのが、山という場所です。

春山 先ほど池澤さんがおっしゃっていた、「インチキできないのが自然との向き合い方の基本」

という話は、本当にそうだなと思います。

『科学する心』には、「科学は知識ではない、五感をもって自然に向き合う姿勢であり、注意深い観察者は近代科学とは無縁なところでそれぞれに系統的な自然像を作ってきた」という文章があります。山に行くと、自ずとこのような自然との向き合い方が鍛えられるんです。観察していなければ、一歩間違うと死に至ることもありますから。

池澤　たとえば、山登りをしていて上の方まで来たところで、「あっ、水筒がない、さっき谷川のところに忘れてきてしまった」となったら、そこまで来たのと同じ距離を戻るしかありません。**自然は一メートルたりともおまけしてくれないですからね。そういうことを重ねて、自分の非力を知っていく**わけです。

遭難すると迷惑だと言われるけれども、本当は、誰もいないところに一人で来てしまった恐さということも含めて、自分なりの山を見つけるような山歩きがあるのではないかと思います。だからＹＡＭＡＰは役に立つんだ。

春山　ありがとうございます。

池澤　今の時代、週末、どこかの山に登ってこようと思いついて、いろいろ準備をするのは楽しいことで、そういう手段があるのはとてもいいことだと思います。流行だからと山に行ってもいい。ただ、すべての基本にあるのは、自分一人対自然、ということです。そういうことをどこか脳の奥の方に置いておいて、無意識に意識して、それで山に行くのがいいのではないかと思います。でも今、百名山になっているような山だと、一人で行っても、人がぞろぞろぞろぞろ歩いているから、本当に一人ということはなかなかないでしょう。

春山 そうですね。

池澤 「何のために山に登るか」と聞かれて、「そこに山があるから」という有名な答えがありますが、つまり、人間は山があると登りたがる存在なんですよ。大昔のことを考えると、山岳信仰による登山を除けば、人がただ山に登るというのは一般的ではありませんでした。そんなことをしても意味がないし、そういう考え自体がなかったわけです。でも、思うんだな。ある若者が、ふと、「あの山に登ったらどうなるんだろう」と。どんどんどんどん高く登っていって、自分がいてはいけない場所に踏み込んでいるかもしれないと、だんだん怖くなる。しかし、そのうち、ぱっとお花畑があって、もうそれ以上登れないところ、つまり頂上まで行く。なかなか気持ちがいい。村の人たちにすればまったく意味のないことをしているのだけど、気持ちがいい。本来山って、そうやって登って帰ってくるものだと思うのです。

春山 おっしゃる通りです。一方で、YAMAPをやっていて実感するのは、登山・アウトドア業界が小さな世界に閉じこもっていることです。登山や山歩きの価値を社会に接続して市場を大きくすることはせず、もともとある市場の取り合いをしている印象です。ブームが来たらブームに乗って、ブームが去ったら、またブームを待つといった感じで、すごくもったいない。

池澤　百名山もそうですね。

春山　「もっと山が社会へ開かれたらいいのに」と思っているんです。単なるレジャーではなく、山という存在が今の社会にとっていかに大事かを考えれば、文化や教育、あるいはヘルスケアといった分野に、山をつなげていくこともできるはずです。

気分が滅入っているときは、山を歩くといいのではないかと思っています。山に行くと、自分のいのちが外に開かれていく感覚になります。森も花も、そこにあるものが、自分のいのちとつながっている感じを得ることができます。山頂に立って住んでいる街を見下ろせば、いかに自分がちっぽけな存在なのかが実感できます。街に戻ってきてからも、自分が住んでいる街を山側から想像できるようになります。人間の住む街だけが世界のすべてではないことがわかる。先ほどのクジラの話と同じで、世界ではいろいろなことが起きているわけです。山道を一歩一歩歩き、自然の中で身体を動かすからこそ、大きな世界の中で自分という存在が生かされていることに気づく。山道を歩いているときと、都市を歩いているときの思考のモードって、まったく違うんですよね。

そういう文脈で山を社会に接続していくことができれば、山を歩く人たちの数も今より増えるでしょうし、山への愛着も今よりも増すと思います。山への愛着が増せば、森づくりや登山道整備など、山を豊かにする取り組みも、自ずと活発になるはずです。業界の人たちが山やアウトドアの可能性に気づいてないのが、残念でなりません。

池澤　それは彼らの人間観の問題でしょうね。つまり、レジャーの側でしか見ていないから、流行にして、ガジェットを売るだけになってしまうということでしょう。

春山　私は二〇代、どう生きるかにすごく悩みました。その頃に山と出会って救われた経験があります。目指す山やコースを決めて、**一歩一歩歩きながら、適時判断をして進んでいけば、遠いと思った場所でも辿り着くことができる。**概念ではなく経験として、生き方の基本的なスタンスを山から教えてもらいました。かつ、山を歩くことで、内向きだった自分の感覚・感性が外に開かれ、生きることが楽しくなりました。

　山での経験が下支えとなり、将来どうなるかはわからないけれど、自分のいのちがときめくことに素直でいよう、悔いなく生きていこうと決めることができました。そんなとき、星野道夫さんの本に出会って、デジャブのような感覚に陥りました。アラスカを自分の目で見たり経験したりしないと悔いが残ると思ったんです。アラスカに行って、写真家として生きていきたいと決めたのですが、周囲の大人たちからは「写真家になって食っていけるのか」と言われました。これってもう衝動なので、抑えることができなかったんです。

池澤　衝動だけれども、瞬間的なものじゃなくて、自分の中からいくらでも湧いてくる、持続的な衝動でしょう。

春山　はい。「衝動に素直になっていいんだ」と思えたのは、やはり山での自然経験があったからだと思います。そういう経験の蓄積が衝動につながっていったと思うんです。生きる力が湧いてきて、自然という大きなフレームの中に自分がいるんだという感覚がありました。

星野道夫さんの本で知った、ジョーゼフ・キャンベルの本『神話の力』の中に「Follow your bliss.」（フォロー・ユア・ブリス）という言葉があります。「自分のいのちのときめきに素直に生きる」と私は解釈しています。いのちのときめきに素直でいられたら、なぜ自分が今この場所で生きているのか、一度きりの人生の奇跡性も自ずと実感できます。難しく考えず、フォロー・ユア・ブリスの経験を積み重ねていけば、それらの経験が自分なりの意味や仕事になっていくのだと思うんです。私利私欲にとらわれると、感覚、感性が鈍くなり、出会いや運がどんどん小さくなっていく。自我にとらわれず、いのちを「透明」にできているかどうか、自分の感覚、感性がよどみなく流れているかどうかを確認するためにも、自然経験は大事です。疲れているときは、自分ばかりに目が向きがちです。そういうときこそ山に行って疲れをとり、感覚、感性を外に開くようにしています。

サステーナビリティーを議論するときに必要なこと

春山　都市化が進み、テクノロジーが発達した現代において、自分という存在をもう少し大きいフレームで捉えていのちや宇宙とのつながりを意識する感覚を、社会や暮らしにインストールするにはどうすればいいと思われますか。

池澤　うーん、難しいですね。抽象的な言い方になってしまいますが、とても深いところまで下りていかないと向こう側に出られないんですよ。どうやってそれをやるかは、それぞれが考えるしかないのだろうと思います。

僕の場合、最初はとにかくこの国を出よう、それも日本的ではない国へ行こうと、二〇代後半からインドに行ったり、ミクロネシアの小さな島に行ったりして、違うところに身を置いてきました。

そうしたときを経て、ギリシャに落ち着きました。それまでたくさんの旅をしましたが、旅人に開かれる扉は少ない。だから、せめて一年くらいはどこかに身を落ち着けよう、と。あなたのアラスカと同じように、結局三年ほどいました。

その間も旅に出ましたが、ヨーロッパには行きませんでした。トルコだったり、エジプトだったり。何か違うものを持ち込みたかったのだろうと思います。

そういうことを通して、世界の「大きさ」を測っていきました。薄暗いところをダーッと走って行っては壁にぶつかり、ここまではこうなっているのだと理解する。今度はまた戻って反対の方へ走っていき、ああ、ここまであるんだと。そうすると、だんだん暗くてもわかるようになります。その走るようなつもりで、旅や暮らしを重ねていきました。

それと同時に本もたくさん読みました。昔を知るために昔の本を読む。当時はラテンアメリカ文学が紹介されはじめた頃で、**ヨーロッパや日本と違う種類の文学を読み漁《あさ》りました。そうやって一生懸命、世界を広げた**んですね。それが最初の努力でした。

そのうちに、だいたいわかってきたのです。世界についての知識と体験を通して、その奥にある原理のようなものが。これは見つけたというのではなく、ただ、少しずつわかってきたという感じです。その中には、たとえば自然と人間の関係があります。何かおかしなことになっているぞ、と。

文明は利便性をもたらしましたが、ただそれだけのことです。幸福でも何でもない。しかし、これは一種の依存症で、止まることがない。

文明を一本の木に見立てましょう。その木に登るところを想像してみてください。人間は、どんどん先へ先へと登っていく。でも降り方を知らない。そうすると、だんだん枝は細くなっていきますから、折れそうになる。今、僕たちがいるのはこのあたり。もうすぐ落ちそうというくらいのところです。
あなたが最初に指摘したように、僕はこれまでたくさんの種類の仕事をしてきました。総論としては、文明批判とも言えるでしょう。星野道夫はその途中で出会った相棒です。旅の同行者。あんな別れ方になってしまったのは非常に辛いことですが、彼は彼で、あれだけの仕事を残した。ただ、そうしている間にも世の中はどんどん悪くなってしまいました。

春山　そうですね。

池澤　今、若い人たちが海外に出ないでしょう。日本人のパスポート保有率はたった一七パーセントだそうです。

春山　そもそも海外へ出るつもりがないのかもしれません。私も結局、足元が大事だと考えて、アラスカから日本に戻ることにしました。山に行ったり、海外を旅する中で、身体は、世界を受容する媒体《メディア》でもあることに気づきました。身体感覚や感性が開かれていたら、特に意識しなくても自然や他の生命とのつながりを実感できる。
現代における最良の知恵は、「つくる」や「足す」ことよりも、「手放す」や「足るを知る」の方にこそあるのではないかと思います。先ほどの枝の話になぞらえれば、そっちに行くと危ないから、一回戻ろうとか、少し下りようとか。そうした方向に知恵が進むためにも、身体感覚を磨いて、生きものとしての感覚を養うことが大事なのではないかと思っています。

それが、YAMAPという事業をやっている一番の原動力です。

この間、「YAMAPのサステーナビリティー経営について話してほしい」という依頼をコンサルティング会社からいただき、東京へ行ってきました。そこで気づいたのは、大手町の高層ビルの中で、サステーナビリティーやESG（Environment：環境、Social：社会、Governance：ガバナンス／企業統治を考慮した投資活動や経営・事業活動）を語るほとんどの人たちが、自然経験をしていないことです。自然経験のない人たちが、自然や環境に関する課題を話したり、対策を練ったりしているから、とんちんかんなことになってしまっている。

今、ビジネスや経済の分野では、サステーナビリティー、ESG、SDGsなどの横文字を使った環境の話を盛んにしています。そこでの議論を聞くと、自然や自然観を、一つの物差しで捉えて、型に当てはめようとしている。だから、とても息苦しい。結局、ビジネスの側で自然を利用しようとしているだけなんだなと感じてしまいます。

サステーナビリティーやESG、SDGsは表層でしかない。**本当にサステーナビリティーについて考えるのであれば、「自然を感じるような生き方や暮らしをしていますか」という、自然観や生き方の話をしないといけない**と思うんです。

池澤　社会全体を巻き込むような運動にしないと、もう間に合わないぐらい、現代社会はダメになってしまっていますね。ただ、そういう大きな運動の根底にあるのは「あなた」という人でしょうということなのだけど、そこが伝わらない。

春山 池澤さんが書かれているように、一人ひとりの固有の自然観を通して、どう自然と向き合い、観察するのか、ということですよね。同じ自然でも、人によって自然の見方や感じ方は違います。また、それぞれの自然観に正しい、間違っているはないはずです。それぞれの風土や環境に合わせた自然観を共有し、多様な自然への向き合い方を知ることができれば、「ああ、そういう見方もあるよね」と視野が広がるはずです。

ベンチャー企業は二一世紀の冒険

春山 植村直己さんをはじめ、冒険家や探検家、南極点を目指したアムンゼンとスコットみたいな冒険の話が大好きです。しかし現代は、エベレストに世界中の人が列をなして登るような時代です。また、Google アースの影響もあり、視覚的にも物理的にも地上に空白地帯がほぼないという中、何が冒険として成り立つのかを考えてしまいます。

池澤 もう冒険は終わったんです。一九世紀にイギリス人があれだけ世界中に行って、地理的発見をし、冒険をして、結局、ノルウェー人のアムンゼンに先に到達されてしまいますが、最後は南極まで行きました。今でもイギリス人は変なところに行っていますけど、二〇世紀の半ばになって冒険をしようとすると、もうパロディーとして昔の冒険をなぞるしかない。それを文学にしたのがブルース・チャトウィンで、だからおもしろいんですね。僕は本当にチャトウィンが好きだけれども、彼も冒険ではないと承知してやっていました。

春山　おっしゃるように、物理的な冒険には一定の区切りがついたと私も思っています。ただ、冒険は形を変えながら今も続いています。できないと言われていることに挑戦したり、やらなければ悔いが残るという生き様で勝負をしている人は今もいて、その行為は人類の冒険だと思います。

アラスカから帰ってきた後、しばらく『風の旅人』というグラフィック雑誌の出版部で働いていました。編集長の佐伯剛さんを尊敬していたので、二〇代の時期に佐伯さんの下で働くことができたのは貴重な経験でした。編集のアシスタント的な業務だけでなく、書店営業などにも携わり、厳しく充実した日々でしたが、二九歳のときに退職しました。三〇歳になる前に、北スペインにあるカミーノ・デ・サンティアゴという巡礼路を歩きたいと思ったんです。歩くことそのものが好きだったのと、パウロ・コエーリョの『アルケミスト　夢を旅した少年』（角川文庫）や『星の巡礼』（角川文庫）という本が好きだったものですから。

池澤　ホタテ貝ぶら下げて？

春山　さすがにホタテはぶら下げませんでした。

一二〇〇キロの巡礼路を六〇日かけて歩きました。四〇日を過ぎたあたりから、歩きながらだんだんと恍惚感《こうこつかん》のようなものに包まれてきたんです。そのときに、降りてきた感覚があります。それは、「この地球は美しい惑星。人間にとってこれ以上住みやすい惑星は他にない」「一般には地球の外に出る人を宇宙飛行士と言うけれど、地球の外に行かなくても、人間は生まれながらにして既に宇宙飛行士なんだ」「地球の外に出ることではなく、高い山に登ることでもなく、自分が立っている足元や住んでいる場所を宇宙そのものだと思い、足元を掘ることこそ、二一世紀の冒険なんだ」と気づきました。その後、3・11があり、このときの気づきを思い出しました。住んでいる街や風土を、どのように美しく、暮らしやすく整えて次の世代につなげていくか。これこそ今の私たちがやらなくてはいけない切実なテーマであり、冒険的な仕事なのではないかと考えるようになりました。

私は今、一〇〇人ほどのメンバーと一緒にYAMAPの仕事をしています。スタートアップ企業という言葉よりはベンチャー（venture）企業という言い方をしています。**二一世紀の冒険（adventure）は、ベンチャー企業の事業にある**と思っているからです。一人でやるのではなくてチームでやる冒険、事業で社会にインパクトを出すという冒険です。

池澤　その場合は、前に立ちはだかるのは自然じゃなくて社会ですね。

春山　人間がつくった社会であり、制度です。

池澤　リスクを承知で、それに対する働きかけをしていく。

春山　はい。

池澤　そっち方面は、僕はまったく自分の能力もなかったし、関心もなかったから、ひたすら聞きますよ（笑）。

YAMAPは山で使う地図アプリであると同時に、公共財的な性格を持たせていますよね。そこのところをもう少し教えていただけますか。

春山　改めて説明させていただくと、携帯の電波が届かない山の中でもスマートフォンとYAMAPアプリで現在地がわかるというサービスを開発・運営しています。ソフトウェアがメインのサービスになります。スマホの登山アプリが登場する前は、ガーミンのような専用のGPS機器がありました。

池澤　ガーミン、僕も使ってましたよ。

春山　でも、スマホで山での現在地がわかるだけでは、サービスとしてインパクトが小さい。3・11をきっかけに起業していることもあり、登山者向けにサービスを展開することで終わらせず、今、登山をしていない人たちに対しても、**自然経験がいかに今の社会にとって大事か、それを登山や山を歩く行為を広めることで、社会に根付かせたいと思っています。**山を歩く

こと、山との向き合い方を考えることとは生き方や暮らしを考えることそのものなんだということを伝えたいのです。
　まず、ユーザーさんと一緒に山の情報や地図の精度を上げていくことで、今は山に登っていない人たちにも、山に登りやすい環境をつくれるのではないかと考えました。ウィキペディアのように集合知を集めて山の魅力を発信していけば、山を歩く人が今以上に増えるのではないかというのが、最初の発想だったんです。
　簡単便利で終わらず、人のいのちに寄り添っていることもＹＡＭＡＰの特徴の一つです。山で遭難しないよう、スマホのアプリや登山地図データを紙に印刷できる機能を提供しています。万が一山で遭難してしまっても、遭難者の位置情報がある程度特定できる仕組みも持っています。警察や救助隊の方々が遭難者を捜す際、その位置情報を提供しています。

やはり、山ではいのちを落とすこともあるので、自治体と連携をして、遭難対策に役立ててもらっています。実はそこが、YAMAPが公共財、インフラとして役に立つ、最も重要なところだと思っています。

もう一つ、公共財的な側面を言えば、私が起業した二〇一三年頃は、国土地理院が提供する登山道のルートはズレているところが多々ありました。なぜかというと、国土地理院は、航空測量という形で、飛行機から写真を撮り、登山道のルートを明記していたのですが、GPSの位置情報と照らし合わせるとズレが生じていました。もちろん、ルートがズレていたとしても、ないよりは役に立っていたのですが。

池澤　登山道って、空の上からそうはっきりは見えないですからね。

春山　起業して四年が経過した頃には、YAMAPに登山道の正確なデータが蓄積されていました。そこで自分たちでルート情報を独占せず、国土地理院に提供することで大本の地図データを改善できないか。そう考え、私たちの登山道データを国土地理院に還元しました。今は国土地理院に掲載されている登山道の多くは、かなり正確なものになっています。

池澤　そうですか。あなたたちのデータを、彼らは受け取りました？

春山　はい。私たちＹＡＭＡＰとヤマレコというサービスが協力して、登山道データを国土地理院へ還元し、大本の地図が良くなりました。民間と行政が連携した業績として、画期的なことだと思います。

池澤　それはそうだ。

春山　誰も褒めてはくださらないんですけど（笑）。

池澤　褒める、褒める（笑）。素晴らしいですよ。

世界の捉え方と自然に対する向き合い方

池澤　国土地理院の登山道データが正確になったということと絡めた話をすると、二〇二三年に『また会う日まで』（朝日新聞出版）という長い小説を出しました。その主人公は僕の祖母の兄、つまり大伯父にあたる人で、秋吉利雄という人です。彼はクリスチャンであり海軍軍人であり天文学者という特異な人格の人間でした。というのは、彼は海軍の水路部という、海図と航海暦をつくることを主務とする部署で働いていました。

ここは単に「水路部」という名称で、海軍水路部とは名乗らない。最初からそうなんです。水路部がつくる海図と航海暦は当然軍艦が使いますが、この海図は普通に販売されていましたから民間も使っていました。海を行く船全部のためにやっているのだから、海軍水路部じゃなくて水路部だというのがあそこの思想的な伝統で、誇りだったのです。今の話を聞いていて、なんだか似ているなと思いました。

春山　それは興味深いですね。地図は古来から人間の世界観をあらわす重要なツールです。過去から現代まで、地図がどのように変遷してきたかを追えば、人間の世界認識がどのように変わってきたかがわかります。地図は奥深く、おもしろい。

池澤　今の人にとっては「Google マップ」が地図なのでしょうが、あれは検索から入るでしょう。検索した地点にいわば落下傘降下して、そこからの地図をつくっていく。車に乗る人だったらカーナビで、自分がいる場所を世界の中心にして地図がつくられていくわけです。便利で楽だとは思います。でも、これは世界観の反転に近いことで、本来、世界というのは、自分がいてその周囲に生まれるのではなく、自分に先立って存在するものだったはずです。人間も含めて、あらゆる生物は自分が世界のどこにいるのか探りながら、その中へおずおずと入っていきました。国土地理院の地図があらわしているのも、そういった世界のあり方だと思います。

春山　確かに。「Google マップ」や「Google アース」では、地球という惑星は視覚化できていると思います。ですが、人間のいのちは有限で一ヶ所にしか存在することができない。その意味で、「暮らし」という生命圏で考えるには概念が大き過ぎる気がします。

池澤　昔、僕の友人が「二〇万分一地勢図」を全国分、つまり一三〇枚買ってきたことがあって、僕はそれを一枚、また一枚と見ながら、自分が一生のうちに行くはずがない土地の広さを感じ、自分の足跡など何ほどもないと、しみじみ覚りました。見ていて、本当に飽きなかったですね。

春山　そういう世界の捉え方は、まさに自然に対する向き合い方と相通じます。

　私たちが国土地理院と一緒に地図を改善することができたのも、事業の母体を自然の側に置いているからだと思います。都会に重きを置いていたら民間と行政で連携して地図を良くしていこうという発想にはなりにくかったかもしれません。

池澤　そうでしょうね。

春山　コロナ以降、地域やローカルが大事なテーマになっています。ただ、そのときの地域やローカルは、都市との対比が中心です。

　私自身は、ローカルというよりネイティブという言葉が腑に落ちます。ネイティブ・アメリカンなど、「ネイティブ」と名づけられた人たちだけがネイティブなのではなくて、**自分**

たち自身もネイティブと捉えて、今住んでいる場所といかに深く接続していくか。地域を単位に暮らしを整え直すことが大事な時代に入っている。なので、事業をやっていく上でも、地域や風土をどのように捉え貢献すればよいのかを、すごく考えます。

地球という単位からもう少し狭めていって足元の地域が自分たちが暮らす世界であり、宇宙だという価値観が育まれるといいのではないかと思うんです。そうなれば、食料やエネルギーなど暮らしに切実な営みに対して、自分たちも積極的に関わっていこうと思えるし、関わる方が楽しい。食料やエネルギーを地域で育み、守っていこうとする取り組みもより活発になると思うんです。

自助、共助、公助の三つがある中で、この三〇年は、主に自助と公助の力で社会が成り立っていたように思います。公助の部分、つまり自治体や国の力が弱くなっていく中、自分たち生活者がどう補っていくか。もちろん、公助を細らせてはいけないことは言うまでもありませんが、現実問題として、暮らしの中に共助の仕組みをどうつくっていくかが重要になっていると思います。

山、川、街、海の流域圏をどう整え、豊かにしていくか。行政任せにせず、私たち自身が暮らしの延長で関わり、関心を高めていく。義務ではなく楽しみとして、山、川、街、海の流域圏に関わる仕組みをＹＡＭＡＰとしても事業化していきたいと思います。

ただ、ベンチャー企業を経営していて思うのは、**日本には自然系のベンチャー企業が圧倒的に少ない**ことです。これだけ自然が豊かで、自然で遊んだり身体を動かしたりすることができる国なのに。

池澤 大変恵まれた国ですよね。

春山 そうなんです。それなのに、ベンチャー企業というと、都会型のテクノロジー中心、スマートフォンで完結するビジネスが多いのは、もったいないと思います。

これからの五年、一〇年くらいのスパンで特に考えていかなければならないのは、人工知能つまりAIのことだと思っています。たとえば学校で、先生が言うことよりもAIが言っていることの方が正しいし、何でもAIで情報や正解を得ればいいという感じになってしまったら、人間の知恵や教養とはいったい何なのか。そこが大事なテーマになってくると思っています。

AIとは、要するに「正しそうなことを言うおじさん」だと思っているのですが、そういう正しさや正解に対して、みんな自ずと聞き飽きるだろうという気がしています。AIが進めば進むほど、もっともらしく言う人や正論ばかり言う人は、うさんくさく映ることになるかもしれません。ゴリラがこぶしで胸を叩くドラミングのように、言葉や情報ではなく、踊りや表情など身体表現に人間同士のコミュニケーションの重きが置かれるのではないかと、最近イメージしています。

そこで伺いたいのですが、池澤さんは、ＡＩを含めたテクノロジーの進化について、どのように捉えていらっしゃいますか。

池澤 まったくわかりません。あんなスピードで進んでいくものの将来なんて、迂闊《うかつ》なことは言えないですよ。僕はあれについては一旦沈黙しています。結局、社会の場がどう受け止めるかですが、ＡＩに「ＡＩの将来はどうなりますか」と聞いたらどう答えるのかと考えると、ハウリングを起こすんじゃないですか（笑）。

春山 確かにそうかもしれませんね（笑）。

ＡＩについて、こうなったらいいな、こうしていきたいなと私が思うのは、インターネットで検索すればわかるような情報・知識はＡＩに任せて、身体感覚を重視したり、自分たちにしかできないこと、一回性や有限性、もっと言うと遊びみたいなコミュニケーションを大切にしていきたいと思っているんです。**遊びや余白にこそ、私たち人類の可能性がある。**

池澤 そうそう、遊びですよ。だってＡＩに遊びはありません。

春山 そうなんです。たとえば言葉も、情報や意味ではなくて、感情や共感を伝えるものだと捉え直すと、音楽や踊りといった表現が、いわゆる知識的な言葉よりも大事だよね、となるのではないか。

池澤　それもまた遊びですよね。

春山　はい、遊びです。遊びでの経験や関係性を通じて、地域や暮らしをどのようにつくっていくかということだと思います。

池澤　大都会では難しいでしょうね。隣の人の顔を知らないもの。

春山　もう一つ、「歩く」ということにも着目したいと思っています。普段、何気なく歩いていますが、歩くというのは、人類最大のイノベーションの一つだと思うんです。それを実感するのは登山のときです。時折、山を歩きながら考えるのですが、最先端のＡＩを搭載した最先端の二足歩行ロボットをつくったとして、私たちのように山を歩けるだろうか、と。たぶん歩けないと思うんです。私たちが山を歩いているとき、「ここの岩は滑るかな」とか「ここに足乗せて大丈夫かな」ということを瞬時に判断しながら一歩一歩、歩いています。よく、山を歩いていると無心になると言いますが、あれは頭を使っていないのではなくて、ものすごく高度な情報処理を脳を含めた全身で行っている。なので、他のことを考える余裕がなくなる。つまり無心にならざるを得ないんです。

山を歩くという営みは、現代においても最先端の身体的行為なわけです。都会では、整備されているアスファルトの道の上をあまり考えずに歩くことができます。でも、自然の中ではそうはいかない。全身で感じ、考えないと歩くことが危ない。

池澤　それは昔、僕も気がつきました。都会では前を見て歩ける。しかし、山道や田舎道では、下を見なきゃいけない。

　そもそもの間違いは、人間が直立歩行になったことですよ。四足歩行だったら絶対転ばなかったわけですから。でも、直立歩行になった以上は、間違いなくきちんと歩を運ぶということに相当な身体的エネルギー、むしろ小脳の頭脳的エネルギーを使わざるを得なくなった。でもそれは、一種気持ちのいいことなんです。

春山　そうなんです。歩くことはとても気持ちのいいことで、楽しいんです。

池澤　人間の特権です。

春山　これからさらに機械化やテクノロジーが進んでいったとき、自分の足で歩くことの気持ちよさが改めて見直されるのではないかと思います。また、**歩くことは思考を深める上でも大切な身体行為です。**

池澤　それが身体知ですよね。

　短編小説の名手として知られるジャック・ロンドンがこんな話を書いています。

　一人の男が荒野を旅していて、オオカミの群れに追われる。できるかぎり闘うけれども、弾薬も尽きてしまい、彼は雪原に座り込んで、オオカミに抗《あらが》う最後の手段として火を焚《た》く。でも、だんだん火は小さくなって、遠巻きにしていたオオカミの輪がじりじりと近づいてくる。追い払おうと、彼は燃えている薪《まき》を握るんだけど、手にした薪の火の熱が手に伝わり、その熱さを避けるために自分の手が無意識に薪を握る位置を少しずつずらしていることに気づく。そういうことができる自分の身体、そうして守ろうとしている自分の生命が限りなく貴重な、いとおしいものだと思われる……そんな話です。つまり、この場合は大脳を経由していない、無意識の回路だけれども、自分の身を守るための動きをしているわけですよね。それが大事なんです。

春山　生きものとしての感覚ですね。情報や知識だけでなく、生きものとしての感覚や感性、生きているこことのよろこびにこそ、人間の可能性はある。生きものとしてどのように自然の中で暮らし、お互いに助け合って暮らしていくのか。身の丈に合った社会システムや制度に変えていく必要があると思います。身体知が発揮できるくらいの小さな場所に自分たちの暮らしを置く。気候変動で環境が変化している今、地域を単位に暮らしをつくり直すことを積極的にやっていきたいです。

池澤　その方が楽ですよ。そして何より楽しい。

住む場所をどう選ぶか

春山　池澤さんは、大都市より、自然を感じられる場所で暮らしていらっしゃる印象があります。池澤さんはこれまで海外も含めていろいろな場所に住んでこられたお話もありましたが、どういうふうに暮らす場所を選んでいらっしゃるんでしょうか。

池澤　ヨーロッパや日本といった括りではなくて、住んでいる場所の自治体としてのサイズで話していきましょうか。ずっとアラスカに居続けた星野と違って、僕はもう少しいい加減な性格ですから、いろいろなところに住みました。人口一二〇〜一三〇万人ぐらいまでなら、しばらく通ったり住んだりしていると、ある程度、その場所の雰囲気というか、からくりがわかってくるんです。土地の友人たちもできて、いろんな話を聞けば、それがおもしろくて夢中になっているうちに、何年かはすぐに過ぎてしまいます。

最初に住んだところ、つまり僕が生まれたときから五歳の頃までいたのは北海道の帯広で、当時、人口五万人くらいの街でした。こどもだったから登山もしなかったし、だいたい、その年頃で街の外にはそんなに出ないです。親の友人で近くに牧場を持っている人のところに汽車で行ったりはしましたけれども。

その後、母親に連れられて移り住んだ先が東京、つまり大都会ですね。親の都合で選択の余地がなかったから、ずっと東京にいました。大学を中退した後、ジェラルド・ダレルの『虫とけものと家族たち』（中公文庫）を翻訳したことをきっかけにギリシャに行きました。住んだのはアテネですから、ここも大きな街です。戻ってきて、同じような都会にしばらく住んでから、沖縄に行って、最初は那覇、だからやはり大きな都会で暮らしました。

それから、太平洋側にある知念村、今は市町村合併で南城市になっていますが、漁業と農業で成り立っている、小さな村に移りました。ここは人口五〇〇〇人くらいの規模ですから、**人の行き来が濃密で、土地の人たちと随分親しくなる**んです。そういう人づきあいの仕方は、それまで住んできた他の土地では知らなかったことでした。

たとえば、僕が家で仕事をしていて夕方になると、「先生、暇か」と、村の漁師がやって来る。「暇じゃないけど、何？」「網入れるから来いよ」と言うから「ああいいよ」とついて行って、小さな漁船で少し沖に出て、ぐーっと建て網を入れていくんです。建て網というのは、上に浮きがあるのですが、底におもりがあって、膜になっているんですね。「今日はここまでだからな。また明日」と言われて家に帰ると、次の日、「先生いるか」「いるよ」「海行くぞ」とまた連れて行かれて、昨日入れた網を揚げる。といっても、網を揚げれば魚ががばっと捕れるわけではない。建て網の網の目に魚が頭を突っ込んで動けなくなっているので、網を漁港のコンクリートの上に広げて、一匹ずつ外していきます。魚というのは前へ進むようにできているから、えらでも、うろこでも全部引っかかるわけですよ。それを丁寧に外していくのは、本当に大変なんです。三人で一時間くらいかかってその作業を終えたら、「はい、先生、これ、取り分」とバケツ一杯の魚をもらう。

春山　それはいいですね。

池澤　そういうことができたのは、あの小さな村で、僕が一年間、班長さんみたいな役目をやったからということはありますね。家々を回って、役所の配りものを置いていったり、三〇〇円くらいの集金をしたりするのですが、その度に「ちょっと上がってけよ」と呼ばれて、お菓子をもらったりしてね。そういうことは楽しかったです。

春山　確かに、都会ではなかなかないですね。

池澤　その後フランスに行って、フォンテーヌブローという、人口一〇万人ほどの地方都市に住みました。知念村よりだいぶ大きくなりましたが、ここでは、こどもの保育園や学校で濃密な地域のつきあいをしましたね。環境的には、すぐ裏が林で、その中を歩くぐらいのことはできました。あと、ちょっと離れるとバルビゾンというところで、ここはフリークライミングで有名な場所です。さまざまな形の岩があって、有名なものはそれぞれ名前がついていました。僕はやりませんでしたが、この岩はどっちからどうやると攻略できるかというので登っていく、そういう場所でした。

それから北海道に戻って、今度は札幌ですから大都市だったのですが、最近移った長野の安曇野は、市という名前はついていても、実際自分が住んでいるところは林の中なんです。近所に家はいろいろ建ってはいます。でも、全体としては林です。少し歩くと田んぼがあって、今頃水が入って、田植えがはじまっています。どういう場所なのかということは、これから研究したいと思っています。

春山 今回、札幌から安曇野に引っ越されたきっかけは何だったんですか。

池澤 何となくです（笑）。だいたい、いつだってそうなんですよ。そろそろここもわかったから、次行こうか、となります。

　安曇野に行って、とても気が楽になりました。札幌は東京なんかと比べれば、道が広くて、空も広くて、風通しがいいところなので、まだいいですが、それでも便利さと交換で、都会であるということがついて回るわけでしょう。それに比べると今度の家はコンビニまで車で一五分ですから、**不便になったこの感じはけっこういいもの**だと思っています。

春山 不便さがむしろ気持ち的には楽だというのは、おもしろいですね。

池澤 安曇野から一番近い都会というと松本になりますが、若い人たちが随分来て、いろいろおもしろいことをやっています。街並みをつくり変えたりする運動とか、けっこう注目を集めていて、なかなかよいことだと思って見ています。

春山　そうですね。東京だと目立ちにくいですよね。

池澤　あと、場所もないと思います。

春山　私は福岡で生まれて、大学で京都へ行き、アラスカで暮らして、東京で働き、今はまた福岡に住んでいます。先ほど、「Google アースのようなものがある時代、物理的な冒険はもう難しいのでは」という話をしましたが、アラスカに行ったことで、**自分の足元を探究する方が現代の冒険、探検かもしれない**と思うようになりました。風土を掘り下げるということは、そこで生きてきた人たちの歴史や文化を知ることでもあります。物理的な水平移動の冒険より、歴史、文化、精神世界を探究する垂直の冒険の方が、現代では意義深く思えたんです。

私にとって、自分と馴染みのある場所はどこかと考えると、福岡を含めた九州です。この島で生きていくことが自分にとって自然体であり、ネイティブなんです。

まったく九州を知らない人から「九州ってどんな島ですか」と聞かれたら、自分は何て答えるだろうかと想像してみたことがあります。二つの言い方で九州を紹介できると思っています。一つは、「海岸で貝殻を拾い、活きた山の火口へその貝殻を投げ入れることができる島」。四方を海で囲まれ、阿蘇山や雲仙・普賢岳、桜島など今も活動を続けている山々があるのは九州という島の大きな特徴です。これは九州という島が持つ力でもあり、魅力です。

もう一つは、「人類史上二度目の原爆が落とされ、水俣病《みなまたびょう》という公害を経験しつつ、人々が今もたくましく生きている島」というものです。

こんな島は、世界中を探しても他にないと思います。地球上でこの島は、既に唯一無二の場所です。掘り下げていけば、くめどもくめども尽きないものがあると実感しているので、この島をもっと経験していきたいと思っています。

クジラと朝日、どちらも大事

春山 今日の対談では、人間も含めた自然についてお話をいろいろとお聞きしました。YAMAPは企業理念として「地球とつながるよろこび。」という言葉を掲げています。山を歩くことは、山を制覇するとか登頂するということではなく、山の存在が自分のいのちの中に入る経験でもあると考えています。また、山に登って住んでいる街へ帰ってきたとき、**山と街は切り離されて存在しているのではなく、地続きである**ことを実感します。山を歩くことは「地球とつながるよろこび。」でもあるという思いを、この言葉に込めました。これは今回の本で対談させていただいたみなさんにお伺いしているのですが、池澤さんが「地球とつながるよろこび。」を実感したご経験を、ぜひお伺いしたいです。

池澤　ドラマティックな瞬間ということで言えば、一番の経験は、海の中でクジラに会ったことですね。

以前、ジャック・マイヨール（一九二七〜二〇〇一、リュック・ベッソン監督の『グラン・ブルー』の主人公のモデルになった伝説のフリーダイバー）とカリブ海にクジラを撮りに行ったんです。捕まえるのではなくてね。たまたま、僕が船に残っていたとき、目の前をすーっとクジラが来たんですよ。あわててダイビングマスクを持ってきて、きちんと装着する暇もないから、口のところにあてがって手で押さえたまま、水中に飛び込みました。そうしたら、僕の目の前をクジラが通っていって、一瞬目が合ったんです。よく考えれば、クジラは目が横に

ついているから、その目が前を通っただけなんですけどね。そして、そのままいなくなっちゃった。時間にして三〇秒くらいでしたけど、今思い出しても、あれはなかなか嬉しいことでした。

でも、日常の、それこそ朝起きて、林の中から日が昇るのを見て、「ああ、随分木の葉が繁ってきたなあ」と思うこともまた大事というか、ありがたいと思います。朝日もいいものですよ。

春山　池澤さんから直接にお話をお聞きでき、至福の時間でした。二〇年前に星野さんのお話をお伺いした池澤さんと、今日こうして再会できたことを有り難く思います。二〇代の頃にフォロー・ユア・ブリスを心に刻んで生きてきたことが実を結んだように感じます。

おわりに

この本の使命は、自然観を説明することにはない。自然観を問い、その問いを生きることにある。自然観は、誰かに教えてもらう類いのものではなく、この世界と心を通い合わせた自然経験によってこそ培われる。自分のいのちで自然を経験し、生命世界とのつながりを実感し生きる中に、自然観を育む神髄がある。だからこそ、暮らしに身近な山、川、街、海の流域圏で身体を動かし、風土に関わることが何より大切だと言える。

最後に、快く胸を貸してくださった養老孟司さん、中村桂子さん、池澤夏樹さんに心から感謝を申し上げます。書籍化にあたり、企画・編集を担当してくださった皆様、ありがとうございます。お三方との対談に関わってくれたYAMAPの仲間、撮影スタッフの方々にもお礼を言いたい。私の自然観の根っこには、父母の深い愛情と教えがある。心から感謝したい。妻の支えや娘の笑顔なしに、この本はつくれなかった。妻と娘にも感謝を述べたい。

二〇二三年一一月一八日

春山慶彦

自然観を考える上で道しるべとなる本を紹介します。

養老孟司『養老孟司特別講義　手入れという思想』（新潮文庫）
中村桂子『中村桂子コレクション いのち愛づる生命誌Ⅶ 生る 宮沢賢治で生命誌を読む』（藤原書店）
池澤夏樹『スティル・ライフ』（中公文庫）
星野道夫『旅をする木』（文春文庫）
石牟礼道子『椿の海の記』（河出文庫）
渡辺京二『逝きし世の面影』（平凡社ライブラリー）
レイチェル・カーソン著、森田真生訳・著、西村ツチカ絵『センス・オブ・ワンダー』（筑摩書房）
富山和子『自然と人間 森は生きている』（講談社青い鳥文庫）
宮本常一『ちくま日本文学022』（ちくま文庫）
中村哲『医者、用水路を拓く　アフガンの大地から世界の虚構に挑む』（石風社）
山尾三省『新装アニミズムという希望　講演録 琉球大学の五日間』（野草社）
内山節『いのちの場所』（岩波書店）
宮城泰年、田中利典、内山節『修験道という生き方』（新潮選書）
岸由二『生きのびるための流域思考』（ちくまプリマー新書）
西岡常一、小川三夫、塩野米松『木のいのち木のこころ〈天・地・人〉』（新潮文庫）

木村秋則『すべては宇宙の采配』（東邦出版）
北康利『本多静六 若者よ、人生に投資せよ』（実業之日本社）
鴨長明『方丈記』（ちくま学芸文庫）
岡潔著、森田真生編『数学する人生』（新潮文庫）
岩明均『寄生獣』（全一〇巻）（講談社アフタヌーンコミックス）
谷口ジロー『歩くひと　完全版』（小学館ビッグコミックス）

本書の印税の一部は、山の植樹事業や登山道整備の資金に充てさせていただきます。

春山慶彦（はるやまよしひこ）

1980年福岡県春日市生まれ。同志社大学卒業。
写真家を志し、アラスカ大学へ留学。
帰国後、写真雑誌編集部に勤務したのち独立。
電波の届かない山の中でもスマートフォンで位置情報がわかる
登山者用地図アプリを提供するYAMAPを創業。
日本最大の登山アプリとなった
（2021年8月　登山アプリ利用者数調査［App Ape］調べ）。
2018年内閣府が主催する「宇宙開発利用大賞」において
「内閣府特命担当大臣（宇宙政策）賞」を受賞。
本書が初の著書となる。

◀ こちらより本書の感想をお聞かせください。
［回答期限：2025年2月28日］

初出
本書は「YAMAP MAGAZINE」（https://yamap.com/magazine）に
掲載された対談記事に未収録部分を加えて再構成し、大幅に加筆修正しています。

Column1、Column2は、「森のようちえん全国交流フォーラムin奈良」
（2021年10月30日～31日に開催）の講演を再構成の上、大幅に加筆修正しています。

構成　加藤裕子
撮影　山田裕之（養老孟司氏）
　　　齋院慶太（中村桂子氏）
　　　伊藤夏月（池澤夏樹氏）
装丁・本文デザイン　成原亜美（成原デザイン事務所）
装画・本文イラスト　水谷慶大

こどもを野《の》に放《はな》て！

AI時代《じだい》に活《い》きる知性《ちせい》の育《そだ》て方《かた》

2024年2月29日　第1刷発行
2024年7月15日　第3刷発行

著者　養老孟司《ようろうたけし》　中村桂子《なかむらけいこ》
池澤夏樹《いけざわなつき》　春山慶彦《はるやまよしひこ》

発行者　樋口尚也

発行所　株式会社 集英社
〒101-8050
東京都千代田区一ツ橋2-5-10
電話　編集部　03-3230-6143
読者係　03-3230-6080
販売部　03-3230-6393（書店専用）

印刷所　大日本印刷株式会社

製本所　株式会社ブックアート

ISBN 978-4-08-788100-4　C0095